Wir sind angekommen

Marianne Suhr

Wir sind angekommen

Interviews mit
Eingewanderten

be.bra
wissenschaft verlag

Bibliografische Information der Deutschen Nationalbibliothek
Die Deutsche Nationalbibliothek verzeichnet diese Publikation
in der Deutschen Nationalbibliografie; detaillierte bibliografische
Daten sind im Internet über http://dnb.d-nb.de abrufbar.

© be.bra wissenschaft verlag GmbH
Berlin-Brandenburg, 2013
KulturBrauerei Haus 2
Schönhauser Allee 37, 10435 Berlin
post@bebraverlag.de
Lektorat: Marijke Topp, Berlin
Gesamtgestaltung: typegerecht, Berlin
Schrift: DTL Documenta 9,5/13,5 pt
Druck und Bindung: FINIDR, Český Těšín
ISBN 978-3-95410-010-1

www.bebra-wissenschaft.de

Inhalt

Einführung 7

INTERVIEWS
Erfahrungen und Lebensgeschichten 15
Eine neue Generation 99

ANHANG
Nachwort 125
Einige Publikationen zum Thema 138
Dank 139
Abbildungsnachweis 140
Über die Autorin 141

»Toleranz sollte eigentlich nur eine
vorübergehende Gesinnung sein;
sie muss zur Anerkennung führen.
Dulden heißt Beleidigen.«

Johann Wolfgang von Goethe
in: »Maximen und Reflexionen«

Einführung

Wir leben schon lange mit Nachbarn, die aus dem Ausland zu uns gekommen sind, und kennen inzwischen vielleicht einige persönlich, aber die meisten nehmen wir nur mit dem in einer Großstadt üblichen Desinteresse wahr. In jüngster Zeit hat sich die Debatte um Einwanderung und Integration verschärft, vor allem nach dem Erscheinen einer provokanten und kontrovers diskutierten Publikation, in der anhand statistischer Belege nachgewiesen werden sollte, welche negativen Folgen Zuwanderung für die deutsche Gesellschaft habe. Deutschland sei im Begriff, durch Zulassung von Migration und eine zu niedrige Geburtenrate »sich selbst abzuschaffen«. Zur Begründung wurden selbst alte Rassentheorien wieder hervorgekramt. Dieses offene oder verdeckte Geraune sollte vordergründig eine Warnung für die Deutschen sein, trifft aber mit teils verschleierter, teils unverblümter Diskriminierungsabsicht die nach Deutschland Zugewanderten. Denn wer die Vielfalt der Gesellschaft zur Kenntnis nimmt, weiß, dass diese Vielfalt sich in zahlreichen Facetten zeigt und eine Verallgemeinerung wenig Aussagekraft hat, gleichzeitig aber doch für Viele Diskriminierung bedeuten kann. Vor diesem Hintergrund nähert sich das vorliegende Buch dem Thema auf eine andere Weise. Menschen, die in Berlin leben und die (oder deren Familien) nicht in Deutschland geboren sind, werden nach ihrer persönlichen Motivation für ihre Einwanderung und nach ihren Erkenntnissen auf dem Weg aus dem Land ihres bisherigen Lebens nach Deutschland gefragt. Es treten Menschen in Erscheinung, keine Statistiken.

Weil sich in Berlin die kulturelle, ethnische und religiöse Vielfalt am eindrücklichsten zeigt, ist der Fokus auf diese Stadt gerichtet, die mit ihrer Geschichte gleichzeitig ein Beispiel für die große Zuwanderungstradition in Deutschland ist, auch wenn diese leider im 20. Jahrhundert kurzzeitig außer Kraft gesetzt wurde.

Wanderung (Migration) Einzelner oder ganzer Bevölkerungsgruppen hat es in der Menschheitsgeschichte immer gegeben, und sie setzt sich bis heute fort. Menschen werden von Hungersnöten vertrieben oder fliehen vor Kriegen, verlassen ihr Land aufgrund religiöser oder politischer Verfolgung, wandern aus reiner Abenteuerlust oder verlassen ihre Heimat in der Hoffnung auf ein besseres Leben, auf einen Ort unbegrenzter persönlicher Entfaltungsmöglichkeiten. Auch Deutschland ist wieder ein Einwanderungsland geworden. Berlin hat als größte Stadt Deutschlands auch die größte Zahl von gemeldeten Ausländern: bei insgesamt 3 501 900 Einwohnern waren 494 000 Personen ohne deutschen Pass (Stand 31.12.2011); mehr als hunderttausend ehemalige Ausländer sind in den letzten Jahrzehnten eingebürgert worden. Allein im Jahre 2011 waren es 6 959 Personen.

Großstädte wachsen (wenn sie wachsen) durch Zuwanderung oder Eingemeindung. Und auch Berlin wurde durch Zuwanderung im Laufe seiner Geschichte zur größten Stadt Deutschlands. Bei der ersten urkundlichen Erwähnung Berlins im Jahre 1235 mögen hier ein paar hundert Menschen gelebt haben. Erste, halbwegs gesicherte Zahlen aus dem 17. Jahrhundert weisen eine Bevölkerung von etwa 9 000 Personen aus, die sich nach dem Dreißigjährigen Krieg auf 6 000 verringert hatte. Allein durch permanent hohe Geburtenraten hätte diese Zahl bis zum Anfang des 20. Jahrhunderts kaum die Zwei-Millionen-Marke überschreiten können. Und 1925, nach der gesetzlichen Schaffung von »Groß-Berlin«, hatte die Stadt dann mehr als vier Millionen Einwohner.

Als vor 300 Jahren Tausende von Hugenotten im Brandenburgischen ankamen, Zuwanderer mit eigener Sprache und eigenen Gewohnheiten, wurden sie aus vielerlei Gründen – und nur einer davon war Barmherzigkeit – willkommen geheißen. Das nach dem Dreißigjährigen Krieg noch lange nicht wieder »blühende Land« nutzte die Fähigkeiten, Fertigkeiten und Gebräuche der Einwanderer, ohne auf eine wie auch immer geartete Assimilierung zu bestehen. Die Hugenotten bauten eigene Kirchen, gründeten Schulen und Vereine. Viele von ihnen wurden später Staatsbedienstete, Künstler und Wissenschaftler. Die erhalten gebliebene Namensvielfalt in der Berliner Bevölkerung hat den Einheimischen nicht geschadet, und auch die kulturellen Einflüsse zeigen bis heute ihre Wirkung.

Theodor Fontane, der selbst aus einer hugenottischen Familie stammte, schrieb 1885 zum »200-jährigen Bestehen der französischen Kolonie« in Berlin:

»Wohl pflegten wir das Eigne, der Gemeinde / Gedeihn und Wachstum blieb uns Herzenssache, / Doch nie vergaßen wir die Pflicht und Sorge, / Dass, was nur Teil war, auch dem Ganzen diene.«
Vor der Niederlassung der Hugenotten im 17. und 18. Jahrhundert, die den meisten Berlinerinnen und Berlinern als geschichtliche Tatsache wohl bekannt ist, begann schon im 13. Jahrhundert die Einwanderung von Juden, die anderenorts von Pogromen bedroht waren. Im 16. Jahrhundert wurden sie aus Brandenburg zum dritten Mal seit der Ersteinwanderung »auf ewig« vertrieben, doch schon im 17. Jahrhundert wurde ihnen »zur Beförderung des Handels und Wandels« (nach einem Edikt des Großen Kurfürsten Friedrich Wilhelm) die Niederlassung wieder gestattet. Der Wechsel von Anerkennung und Aufnahme einerseits, der Wieder-Vertreibung und des Entzugs oder der Einschränkung von Privilegien andererseits, setzte sich fort, bis nach den Revolutionsjahren des 19. Jahrhunderts den Juden eine formale, wenn auch brüchige, Gleichstellung zuerkannt wurde. Dieser Zustand wurde durch die Pogrome und Maßnahmen der nationalsozialistischen Herrschaft im sogenannten »Dritten Reich« durchgreifend, grausam und scheinbar nachhaltig beendet.

Die im 18. Jahrhundert in großer Zahl eingewanderten Böhmen hatten ihre Heimat auch wegen ihrer Religionszugehörigkeit verlassen. Ihre Aufnahme geschah weniger aus humanitären Gründen, sondern vielmehr, um dem Wachstum der Wirtschaft und der Erhöhung der Staatseinnahmen zu dienen, wie aus Dokumenten der preußischen Regierung unter Friedrich Wilhelm I. zu erlesen ist.

Im 19. Jahrhundert wurde Berlin zur Industriemetropole. Die Bevölkerung wuchs von 1811 bis 1900 von 169 000 auf 1,9 Millionen an. Viele tausend Zuwanderer kamen in die Stadt, auch vermehrt Einwanderer aus Polen. 56 Prozent der 1905 erfassten 57 000 fremdsprachigen zugewanderten Einwohner Berlins waren polnische Muttersprachler. Neben den sogenannten »Arbeitsmigranten«, die von der schnell wachsenden Industrie in Berlin angezogen und dringend gebraucht wurden, kamen auch polnische Studenten an die Berliner Universität und die Technische Hochschule. (Die Daten und Zahlen stammen aus: »Von Zuwanderern und Einheimischen«, hrsg. von Stefi Jersch-Wenzel und Barbara John, Berlin; Statistisches Jahrbuch Berlin 2011)

Wer sind nun »wir«, wenn man die mancherorts noch übliche Unterscheidung zwischen »uns« und »den Anderen« aufgreifen möchte? Auch wenn sich der persönliche Migrationshintergrund nicht mehr in jedem Fall nachweisen lässt, so kann man davon ausgehen, dass wohl die meisten von uns Berlinern einen solchen besitzen. »Wir« von heute sind zum großen Teil die Nachkommen der »Anderen«, der Eingewanderten, von gestern.

Dabei verläuft Zuwanderung nie ganz konfliktfrei. Selbst die deutschen Schwaben in Berlin erfahren gegenwärtig Schmähungen oder gar Ablehnung durch manche – auch nicht immer schon – Einheimische.

Durch Vermittlung von Institutionen und Vereinen und durch persönliche Kontakte habe ich Männer und Frauen, die zur Gruppe der Eingewanderten und der Neueingebürgerten zählen, für Interviews gewinnen können. Nur einer der Angefragten lehnte mit der Begründung ab, er wolle nicht auf seinen »Migrationshintergrund« angesprochen werden.

Ein Schwerpunkt liegt auf der Meinung der Jugendlichen, auch solchen, deren Familien schon seit zwei oder drei Generationen in Deutschland leben, denn sie haben inzwischen eine andere Sicht als ihre Eltern oder Großeltern auf unser gemeinsames Land, das jenen noch fremd war. Dennoch müssen sich auch diese Jugendlichen mit ihrer Geschichte auseinandersetzen, weil sich immer wieder zeigt, dass das ehemals »Fremde«, in Namen und im Aussehen oft noch wahrnehmbar, manchen »Einheimischen« Probleme bereitet.

Allen 25 Interviewten wurde freigestellt zu entscheiden, ob ihre Antworten unter Namensnennung oder anonym – wovon einige aus unterschiedlichen Gründen Gebrauch machten – veröffentlicht werden sollen.

Auch wenn einige der Interviewten das Thema Religionszugehörigkeit von sich aus aufgegriffen haben, wurde in den Gesprächen nicht explizit danach gefragt.

Glaubens-Bekenntnisse sind persönlich, sie gehören in den Rahmen der jeweiligen Religionsgemeinschaften, die hier nicht Thema sind. Erst wenn im Namen einer Religion ein Alleinvertretungsanspruch erhoben wird oder Straftaten begründet und gerechtfertigt werden, betrifft das die Allgemeinheit.

Die Interviews sollen in erster Linie zeigen, aus welchen Gründen und auf welche Weise sich Menschen darauf einlassen, in einem anderen Land zu leben, dessen Sprache zu erlernen, dessen Gesetze zu respektieren und ihre eigene kulturelle Erfahrung mit der neuen Kultur zu verbinden.

Das erste Interview mit Sevim und Ismail Gökmen fand im Juni 2011 statt, alle weiteren von November 2011 bis Juli 2012. Hieran orientiert sich die Reihenfolge der Interviews in diesem Buch.

Die Interviewten sind allesamt Eingewanderte, die in Berlin leben, arbeiten, studieren oder zur Schule gehen, und alle Gespräche wurden in deutscher Sprache geführt. Neben der Geschichte der Auswanderung stand vor allem ihre Einschätzung im Vordergrund, wie sie sich mit der neuen Gesellschaft arrangiert haben und ob sie sich nach ihrer Einwanderung »angekommen« fühlen.

INTERVIEWS

I Erfahrungen und Lebensgeschichten

Ismail Gökmen, 72

Herkunftsland: Türkei

»Ich habe von Menschen gelernt,
nicht von Nationen.«

Sevim Gökmen, Marianne Suhr und Ismail Gökmen oberhalb von
Fethiye in der Türkei, 2011

Cengiz Gomüsay hielt am 30. Juni 2000 anlässlich der Verabschiedung von Ismail Gökmen aus der Schule, in der er als Lehrer gearbeitet hatte, eine Laudatio, in der er sagte:

»Wenn wir gemeinsam im Kiez spazieren gehen, stelle ich fest, dass Herr Gökmen nicht nur von Schülern, sondern auch von deren Eltern, von unseren Landsleuten und deutschen Mitbewohnern respektvoll gegrüßt wird. Er erkundigt sich aufmerksam nach den Neuigkeiten und hat immer ein offenes Ohr, egal ob für Deutsche oder Türken. ... Du warst Initiator der deutsch-ausländischen Freundschaftsfeste, die jahrelang mit Beteiligung griechischer, arabischer und anderer Nationalitäten im Palais am Funkturm gefeiert wurden. Du warst Organisator von vielen Veranstaltungen, bei denen es um Probleme und Fragen ging, die Deutsche und Ausländer betrafen. Dabei hast du immer die tatkräftige Unterstützung deiner Familie gehabt, die solidarisch bei jedem Fest, jeder Veranstaltung mithalf.

Lieber Ismail, du hast dich eingemischt und Einmischung ist ein wichtiger Schritt für die Integration.«

Zu seiner Verabschiedung von der Schule, in der er 26 Jahre lang unterrichtet hatte, kamen viele – es waren 300 ungefähr. Die Aula war überfüllt. Seine zwei erwachsenen Kinder waren gekommen und die Ehefrau, mit der er schon 36 Jahre verheiratet war. Ismail Gökmen hatte in der Einladung darum gebeten, ihm keine Geschenke zu machen, sondern Geld für die Schule in seinem Heimatdorf zu spenden.

Ismail Gökmen wurde 1940 in einem Dorf in den Bergen nördlich von Fethiye in der Türkei geboren, als sechstes von insgesamt sieben Kindern der Familie. Seine Mutter hatte gesagt, es sei der Tag gewesen, an dem der Kuckuck zum ersten Mal rief, und als Datum einen Tag im Juni angegeben. Der Sohn bezweifelte die Angabe später, denn der Kuckuck ruft in seinem Dorf früher als im Juni. Aber so war das Datum schriftlich festgehalten worden, und er musste damit leben. Wer sollte besser um die Geburt wissen als die Mutter. Sie konnte nicht schreiben und nicht lesen, auch den Kalender nicht.

Erst mit zehn Jahren schickte ihn der Vater zur Schule. Ismail war klein als Junge, die älteren Geschwister schafften den Schulweg leichter, zu Fuß einige Kilometer durch Wald und über Wiesen, bergauf und bergab. Im Frühjahr war viel Wasser in den Bachläufen. Fünf Jahre ging er in die Dorfschule, dann erkämpfte er sich einen Platz in der Mittelschule in der Stadt, obwohl er eigentlich schon zu alt für die Eingangsklasse war.

Sein Vater, der nicht nur lesen und schreiben konnte (was er in seiner Militärzeit gelernt hatte), sondern auch viel gelesen hatte, engagierte sich politisch. Er war jahrelang Delegierter seines Dorfes in der Kreisstadt, verdiente aber seinen Lebensunterhalt für sich, seine Frau und sieben Kinder als Bauer, vom Ertrag seiner Ländereien, die rund um sein Haus verteilt lagen. Alle Kinder packten mit an. Das Haus war zweigeschossig, mit im ersten Geschoss umlaufendem Balkon, und wurde von den Eltern bis zu ihrem Tode (1986 und 1987) allein bewohnt. Danach zog niemand mehr ein. Die Kinder waren ins Ausland gegangen oder in die Stadt gezogen, um zu arbeiten, sie erhielten Teile der Ländereien und bauten eigene Häuser.

Nach dem Abschluss der Mittelschule in der Stadt entschied sich Ismail dazu, Lehrer für Mathematik, Musik und Sport zu werden. Seine ersten Anstellungen in den Schulen der Bergdörfer forderten ihn heraus. Er wollte lehren und die Maximen vermitteln, die ihm sein Vater mitgegeben hatte: nicht stehlen, nicht lügen, auf der Seite »der Gerechten« stehen, Frauen achten. Dazu bedürfe es »Kampfgeist« und den habe der Vater seinen Kindern vorgelebt, sagt der Sohn heute.

Es gefiel nicht allen, wie Ismail sein Lehrerdasein gestaltete. Es gab Konflikte, nicht nur wegen seines sozialpolitischen Engagements. Er beanstandete zum Beispiel, dass die Gemeinden zu wenig Geld in Infrastruktur und Straßenbau steckten. Heute (2011) fahren Schulbusse, damals mussten die Schulkinder kilometerweite Fußwege zur Schule zurücklegen.

Die Dörfer in den Bergen sind sehr weitläufig, weil ursprünglich jede Familie ihre Ländereien um sich hatte. Inzwischen rücken die Siedlungen durch Neubauten zusammen, doch ist immer noch so manches Dorf mehrere Quadratkilometer groß.

Ismail heiratete seine Jugendliebe Sevim, eine Nachbarstochter, aus dem gerade noch in Sichtweite, aber mehr als einen Kilometer entfernt liegenden Haus. Sie bekamen während der Zeit ihrer Anstellung in der Schule (auch seine Frau war Lehrerin geworden) zwei Kinder.

Nach elf Jahren als Lehrer in der Türkei ging die Familie nach Deutschland.

Ich bin im Mai 2011 auf Ismails und Sevims Einladung hin in die Türkei gereist, um mir das Dorf anzusehen, in dem sie geboren sind und gelebt und gearbeitet haben. Ismail und Sevim stellten mir einen großen Teil ihrer umfangreichen Verwandtschaft vor, darunter Bauern, Handwerker, einen Lehrer, eine Krankenschwester, einen Universitätsprofessor. Nur einige von den Frauen, die in den Dörfern leben, tragen locker um den Kopf gebundene Kopftücher – so wie meine Großmutter in ihrem brandenburgischen Dorf –, ohne dass alle Haare versteckt werden. In ihrer »Sommerwohnung« in Fethiye gibt Ismail mir Auskunft.

**Wann kamen Sie nach Deutschland
und was war der Anlass hierfür?**
Wir haben bis 1973 nie gedacht, dass wir irgendwann nach Deutschland gehen würden. Dann haben wir gedacht, wir können nicht mehr hier in der Türkei leben, es gab politischen Druck und das Geld fehlte uns, obwohl wir zu zweit arbeiteten. Deshalb haben wir beschlossen, nach Deutschland zu gehen. Wir haben uns beim Arbeitsamt angemeldet, und am 29. August 1973 flog meine Frau nach Berlin, sie hatte eine Stelle als Entgräterin bei der Firma Siemens bekommen. Drei Monate später, am 24. November 1973, kam ich mit beiden Kindern als Familiennachzügler nach Berlin.

Was haben Sie von Deutschland erwartet?
Als Lehrer las ich die Zeitung »Cumhuriyet« (Republik) und hörte schöne Nachrichten über Berlin. Von Willy Brandt, von Demokratie, von der Hoffnung auf Weltfrieden. Deshalb wollte ich in Deutschland leben. Das habe ich mir vorgestellt. Meine Vorstellungen sind erfüllt worden.

Wie war der Anfang?
Der Anfang war außergewöhnlich schlecht. Meine Frau als Arbeiterin bekam etwa 750 DM. Wir hatten Schwierigkeiten wegen der Wohnungsproblematik, der Sprache und der Schulen für die Kinder. Ich habe Sprachkurse gemacht, erst durch Vermittlung und dann bei Sprachschulen. Mit meiner Ausbildung in der Türkei konnte ich in Deutschland als »Kooperationslehrer« arbeiten, habe aber dann an der Freien Universität in Berlin studiert, weil ich wieder als »normaler« Lehrer – mit den Fächern Mathematik und Musik – arbeiten wollte und eine gute Basis brauchte. Das ist mir auch gelungen. Während der Anfangszeit hat im Wesentlichen meine Frau für uns Geld verdient.

Wie reagierten Deutsche auf Sie?
Erstaunlich positiv. Wir hatten nette Nachbarn und fanden Freunde unter Deutschen und der Lehrerschaft, während meine Kinder in die Schule gingen. Schlechte Erfahrungen hatten wir mit dem ersten Hauseigentümer, mit dem wir vor Gericht gehen mussten.

Drei Erlebnisse, die mir den Unterschied der Kulturen zeigten:

In unserer Straße, vor einer Kneipe unter unseren Fenstern, prügelten sich Männer. Sechs Mal ging einer zu Boden und wurde dann, als er nicht mehr selbst hochkam, von den anderen hochgezogen. Sie gingen in die Kneipe zurück. Ich war runtergegangen, und da saßen sie wieder zusammen und tranken. Ich dachte: Zivilisation!

Zweites Beispiel:

Eine Frau, von der wir Nachbarn wussten, dass sie wechselnde Liebhaber hatte, stritt sich unten auf der Straße lautstark mit einem Mann. Ich rief aus dem Fenster, ob ich zu Hilfe kommen sollte. Sie rief zurück: »Nein, das ist meine Sache!« Ich dachte: Emanzipation!

Drittes Beispiel:

Ein Professor, den ich von der Freien Universität kannte, lud mich zu einem Fest ein, für das er die Räume der Türkischen Sozialdemokraten, die ich verwaltete, gemietet hatte. Er brachte eine Frau mit, die ich noch nicht kannte. Die Frau, die er davor hatte, kam mit einem neuen Mann, alle begrüßten sich mit Küsschen. Dann kam auch noch die erste Frau mit den erwachsenen Kindern und sie begrüßten sich wieder herzlich.

Ich hätte mir solch eine friedliche Familiensituation in der Türkei nicht vorstellen können.

▨ **Hatten Sie während Ihres Aufenthaltes oder schon von Beginn an die Absicht, zurückzukehren?**
Ja. Bis zu meiner Rente wollten wir, zuerst ich, dann mein Sohn, dann meine Tochter und als Letzte meine Frau in die Türkei zurückgehen. Nach dem Ruhestand wollte erst meine Frau wieder zurück, dann ich und mein Sohn und zum Schluss meine Tochter. Aber Tatsache ist, dass die Familie auf zwei Beinen lebt, in Deutschland und in der Türkei, und das wird wohl für immer so bleiben.

▨ **Haben sich im Laufe Ihres Aufenthaltes in Deutschland Ihre Ansichten über das Land verändert?**
Nein. Aber auch hier sind die Grundansichten, die ich schon von meinen Eltern gehört habe, wichtig. Ich habe mich bemüht, in der Schule, in der Familie und auch bei meiner politischen Arbeit danach zu handeln.

■ **Würden Sie heute etwas anders machen als damals?**
Nein. Aber ich kann aus meinen Erfahrungen einen Rat geben.

Erstens zur Familie: Es sollen auch in der Familie demokratische Verhältnisse herrschen: Jedes Familienmitglied, ob groß oder klein, ob Junge oder Mädchen, soll gleiche Rechte haben. Alle haben gleiches Rederecht. Kinder sollen ohne Angst den Eltern ihre Wünsche sagen und eine klare Antwort erwarten können. Prügeln dürfen weder Eltern noch Geschwister, weil prügeln nicht zum Muster für das weitere Leben werden darf.

Und dann zur Schule: Die Rahmenpläne für die Schule müssen neu geschrieben werden. Im Zeitalter der Computer und elektronischen Datenübermittlung muss das Wissen nicht mehr aus Büchern abgelesen oder auswendig gelernt werden. Die Schule muss den jungen Menschen Werte vermitteln und lehren, mit dem Material, das zum Beispiel das Internet bietet, vernünftig umzugehen. Auch in der Schule sollen die demokratischen Verhaltensformen, die in der Familie geübt worden sind, fortgeführt werden. Auch in der Schule müssen die Kinder ohne Angst ihre Wünsche und Vorstellungen frei äußern können.

Die Lehrer müssen nach den gesellschaftlichen Wertvorstellungen aus- und weitergebildet werden, sie müssen lernen, mit den Eltern kompetent und mit dem Wissen über gesellschaftliche Verhältnisse zu kommunizieren. Nach der Vereinigung der beiden Berliner Stadthälften waren nämlich viele ostdeutsche Lehrerinnen und Lehrer weder in der Lage, sich auf die neue Demokratie einzulassen noch mit den Eltern offen zu reden, das betraf vor allem Migrantenfamilien, die den Ostdeutschen sehr fremd waren. In dieser Zeit ist viel versäumt worden.

Und Vereine und Parteien sind Erwachsenenschulen (in Deutschland). In der Türkei sind sie vor allem für eigene Interessen genutzt worden, nicht für gesellschaftliche Interessen. Wer sich in der Türkei als Partei- und Vereinsmitglied zu erkennen gibt, wird verdächtigt, in die eigene Tasche zu arbeiten. 1980 (Zeit des Militärputsches) sind Parteien und Vereine verboten worden. 1983 wurden Parteien wieder zugelassen, Vereine etwas später. In Deutschland ist durch die Verfassung Versammlungsfreiheit garantiert. In Vereinen und Parteien kann man sich frei äußern. Wenn und wo das nicht der Fall ist, können Menschen schnell demagogisch verführt werden. Deshalb bin ich seit 45 Jahren ein Vereinsmensch und seit 32 Jahren Parteimensch, ohne je eine Funktion oder ein Amt innegehabt zu haben. Ich war aber immer ein aktives Mitglied.

In der Schule sollen nicht nur die Kinder erzogen werden, sondern auch die Eltern. In jeder Gesellschaft muss es eine akzeptierte Norm geben, soll eine Erziehung zum Leben in Gesundheit, zum Weltfrieden und für friedliches Zusammenleben stattfinden, unabhängig von der Zugehörigkeit zu Religionen oder Volksgruppen der Einzelnen.

Ungefähr drei Millionen Türken leben in Deutschland, fünf Millionen Deutsche kommen jährlich als Touristen in die Türkei. Fast eine Million privater Besuche von Türken in Deutschland, eine Million Geschäftsleute besuchen sich gegenseitig – so gibt es einen ständigen Kontakt zwischen circa zehn Millionen Menschen.

Für viele Tausende Menschen gibt es inzwischen zwei Heimaten, das heißt, sie können weder das eine noch das andere Land ignorieren.

Sevim Gökmen, 68

Herkunftsland: Türkei

»Ich werde wohl immer hier und da sein«

Ismail und Sevim Gökmen, Juni 2011

Als Sevim Gökmen 1944 in einem Dorf in den Bergen nördlich von Fethiye zur Welt kam, war Ismail schon vier Jahre alt. Der Zweite Weltkrieg tobte schon fünf Jahre, Europas Dörfer und Städte wurden verwüstet. Die Türkei war Refugium für Flüchtlinge, auch aus Deutschland (u. a. für Ernst Reuter, Bruno Taut, Eduard Zuckmayer, Carl Zuckmayers älteren Bruder).

Sevim ist das erste von insgesamt neun Kindern einer alteingesessenen Familie. Als sie noch zu klein war, um sich später an Einzelheiten der ersten Zeit erinnern zu können, zogen Vater und Mutter zum Arbeiten in die Stadt. Sevim blieb bei den Großeltern im Dorf. Ihre Eltern wurden ihr fremd. Sie liebte die Großeltern, vor allem der Großvater wurde zu ihrem nächsten Vertrauten.

Eines Tages wollten die Eltern ihre erste Tochter zu sich in die Stadt holen. Die Großeltern nahmen ihre Pferde und ritten mit Sevim in die Stadt. Als sie eines Morgens das Pferdeschnauben hinter dem Haus nicht mehr hörte, lief sie hinaus und entdeckte, dass die Großeltern samt Pferden nicht mehr da waren. Sie lief weiter, begann sich auf den Weg in das Dorf zu machen, das 30 Kilometer entfernt von der Stadt liegt. Ein Nachbar lief ihr hinterher, fing sie ein, sie biss ihm ins Ohr, er ließ sie los, sie lief weiter, bis sie auf die hinter einer Wegbiegung wartenden Großeltern traf, die sie wieder mit ins Dorf nahmen.

Als den Eltern das nächste Kind geboren wurde, kehrten sie wieder ins Dorf zurück. Sevim wohnte jedoch weiterhin bei ihren Großeltern, wenn sie sich auch zunehmend um die Geschwister kümmerte, die im Abstand von zwei Jahren die Familie vergrößerten.

Sevim ging im Dorf zur Schule. Ab dem sechsten Schuljahr gab es nur die Schule in der Stadt. Kinder, die keine Verwandten in der Stadt hatten, die sie aufnehmen konnten und wollten, mussten bei Fremden eingemietet werden. Für Sevim wurde eine Familie gefunden, die sie sehr herzlich aufnahm. Diese Zeit wurde durch das Erdbeben 1957 beendet, das große Teile von Fethiye zerstört hat. Sevim kam für ein paar Wochen in ein Zeltlager, wo sie ihr Vater schließlich fand.

Erst einige Zeit später wurde Sevim wieder zum Schulbesuch in die Stadt gebracht, lebte bei Familien, die sie nicht kannte. Aber Sevims unbedingter Wille zum erfolgreichen Beenden der Schule ließ sie manche Umstände ihrer Unterbringung, zum Beispiel ein Schlaflager unter einer Treppe, ertragen. Sevims Wunsch, Lehrerin zu werden, erfüllte sich. Sie schloss ihre Ausbildung erfolgreich ab, und inzwischen war aus der Kinderfreundschaft mit Ismail eine Partnerschaft geworden, sie heirateten. Trotz der beiden Kinder, die 1966 und 1967 zur Welt kamen, arbeiteten Ismail und Sevim, zunächst auch zwei Jahre in der Schule ihres Heimatdorfes.

Das Paar hatte Ideen, wie das Leben im Dorf erträglicher gestaltet werden könnte. Sie wurden angefeindet, als kommunistische Lehrer bezeichnet, arbeiteten dann auch in anderen Schulen, zuletzt in der westlichen Türkei.

In Ismail kam die Idee auf, nach Deutschland zu gehen. Nach anfänglichem Zögern stimmte Sevim zu. Wegen der Bedingungen, die die deutschen Firmen stellten, ging die jüngere Sevim zunächst allein, sie war 29 Jahre alt, Ismail bereits 33, was eine Direktbewerbung für ein Arbeitsverhältnis in Deutschland ausschloss. Er blieb zunächst mit den Kindern in der Türkei.

Einen Tag vor Sevims Abreise hatte der Bus, in dem Ismail und Sevim saßen, einen schweren Unfall. Ismail blieb unverletzt. Sevim aber war aus dem Fenster geschleudert worden, verletzte sich an der rechten Hand und brach sich zwei Rippen, was aber erst viel später festgestellt wurde. Mit großen Schmerzen und einer chirurgisch versorgten Hand flog Sevim nach Deutschland und trat unmittelbar ihre Arbeitsstelle in einem Werk der Firma Siemens in Berlin an.

Sie waren nach Ihrer Ankunft in Berlin 1973 drei Monate allein in einer für Sie fremden Stadt. Wie war diese Zeit für Sie?
Nach dem Unfall (mir tat alles weh), war es sehr grausam für mich, besonders ohne die Kinder. Ich konnte zum Beispiel keine Bananen essen, weil ich dabei immer an die Kinder denken musste, die so gerne Bananen aßen.

Wir waren zusammen in einem Frauenheim untergebracht, in jedem Zimmer zwei Frauen. Ich teilte mir das Zimmer mit einer jungen Frau, die am dritten Tag Besuch von einem Mann bekam, der den anderen Frauen schon bekannt war. Er warb Frauen an, für welche Arbeit auch immer. Die Frauen im Heim jagten den Mann aus dem Haus, und ich wusste, dass ich dort auch nicht bleiben konnte. Ich hatte einen Onkel im Wedding, der hat mich zunächst aufgenommen, denn in das Heim wollte ich nicht mehr zurückgehen. Ich hatte nach kurzer Zeit ein Zimmer durch die Vermittlung meiner Verwandten zur Untermiete bekommen, in dem ich wohnte, bis Ismail und die Kinder nach Berlin kamen.

Die Leute bei Siemens waren wirklich sehr nett. Bei der Untersuchung am ersten Tag hatte man schon entdeckt, dass ich Verletzungen hatte, und ich berichtete von dem Unfall. Trotzdem habe ich gleich angefangen zu arbeiten, weil der Unfall nicht in Berlin gewesen war, davor aber schon alle Formalitäten für die Arbeit in Berlin erfüllt worden waren, so dass mein Vertrag gültig war. Wegen der Verletzungen an der Hand habe ich aber Arbeiten zugeteilt bekommen, bei denen ich meine Hand schonen konnte.

Ich habe keine Abneigung an meinem Arbeitsplatz erfahren, es arbeiteten viele türkische – und zwei griechische – Frauen mit mir zusammen, so dass ich mich mit vielen unterhalten konnte. So hatte ich dort keine Probleme ohne die deutsche Sprache, aber ich hätte mir gewünscht, dass die Firma gleich am Anfang außerhalb der Arbeitszeit Deutschkurse angeboten hätte.

Nach einem Jahr bei Siemens habe ich mir eine Näh- und eine Strickmaschine gekauft und zu Hause daran gearbeitet, Strickjacken und Pullover für Bekannte hergestellt und ohne festen Preis verkauft.

Ich habe drei Jahre bei der Firma Siemens gearbeitet. Dann wurde die Produktion in meinem Werk umgestellt, viele Mitarbeiter wurden entlassen, die Alleinverdienenden bekamen ein anderes Angebot. Seit einem Jahr hatte mein Mann schon eine Lehrerstelle, ich bekam Arbeitslosengeld und begann sofort mit einem Deutschkurs, zunächst bei der Hartnack-Schule, später beim Goethe-Institut.

Nach der Arbeit bei Siemens wurden Sie Lehrerin in Berlin. Wie kam es dazu?

Ich wollte wieder als Lehrerin arbeiten, bekam aber zunächst eine Vertretung für neun Monate in einer Kindertagesstätte, Nähe Südstern in Kreuzberg.

Am 20. Oktober 1978 wurde ich als Lehrerin in der Nürtingen-Grundschule eingestellt. Damals wurden für die vielen türkischen Schulanfänger Vorbereitungsklassen eingerichtet, ich habe dann alle sachlichen Fächer unterrichtet außer Deutsch.

Später gab es Klassen aus nur türkischstämmigen Kindern, die zu Regelklassen wurden. Wir haben uns den Unterricht mit deutschen Lehrerinnen und Lehrern geteilt, es gab sogenannten »Kooperationsunterricht«. Im Schuljahr 1999/2000 wurde ich zur deutsch-türkischen Europaschule »Aziz Nesin« (Grundschule) in Kreuzberg versetzt.

Seit 2005 bin ich im Ruhestand.

Wollten Sie oder die Kinder wieder zurück in die Türkei?

Wenn mein Mann nicht Lehrer geworden wäre, wären wir zurückgekehrt oder nach Australien gegangen, wir hatten uns schon beworben. Damals bekamen wir eine Ablehnung. Der Brief mit der Ablehnung kam glücklicherweise erst nach der Anstellung von Ismail als Lehrer. Die Kinder wollten nur dort bleiben, wo wir Eltern sind, wir haben mit ihnen immer alles offen besprochen. Unsere Kinder hatten nie Probleme in der Schule.

Wo fühlen Sie sich zu Hause?
Ich fühle mich in Berlin, in Fethiye und in meinem Heimatdorf zu Hause, heute wohl ein bisschen mehr in der Türkei, schon wegen des Klimas und weil ich mein eigenes Haus habe. Aber ich habe überall Freunde und Verwandte. Ich werde wohl immer hier und da sein.

Shuaib Rasuli, 26

Herkunftsland: Afghanistan

»Ich bin hier zu Hause«

Shuaib Rasuli, November 2011

Sein Laden, eine Änderungsschneiderei, liegt in einer hellen Straße im Westen Berlins. Kunden, die ein- und ausgehen, bedient er
freundlich, er ist offensichtlich bekannt und beliebt. Wir sitzen an
zwei gegenüberstehenden Nähmaschinentischen, und er antwortet
auf meine Fragen offen und bereitwillig.

Shuaib Rasuli ist 1986 in Afghanistan geboren. 1996 ist die Familie (Vater, Mutter, zwei Kinder, später wird in Deutschland noch
eines geboren) ausgereist, zunächst nach Hamburg. Der Vater ist
Schneidermeister. Von Hamburg ging die Familie nach Berlin, in
Berlin laufen die Geschäfte besser.

▨ Warum ist Ihre Familie nach Deutschland gekommen?

Meine Eltern wollten, dass wir etwas Richtiges lernen. Das war in Afghanistan schwierig, oft war keine Schule, und die Taliban ... Und sie wollten auch, dass wir in Ruhe schlafen können. Meine Familie war gebildeter als viele, sie sprachen auch schon Deutsch.

▨ Was haben Sie von Deutschland erwartet?

Deutschland kannten wir nicht, nur aus dem Fernsehen und von Fotos. Bevor wir nach Deutschland kamen, sagte mein Vater schon: Wir müssen uns anpassen.

Wir haben erwartet, dass uns keiner mehr so wehtut. Ich war froh, dass ich da weg war. Ich war die ganze Zeit zu Hause, habe gespielt und bin nicht zur Schule gegangen. Und wenn man älter geworden wäre dort, dann wären die Taliban gekommen, hätten geklopft und uns Jungen mitgenommen. Das wollten wir nicht.

Zuerst waren wir in Hamburg. Wir waren erst in einem Asylantenheim, und am nächsten Tag ging's gleich los: Grundschule. Am Anfang haben wir in einem Raum gelebt. Der Vater hat in Hamburg gearbeitet. Später hatten wir eine Wohnung, als wir zur Schule gingen, mein Vater wollte, dass wir gut lernen können. Dann war er mit einer Gruppe in Berlin, und dort hat es ihm besser gefallen. Dann haben wir hier etwas aufgebaut, Schritt für Schritt, Stein auf Stein. Zunächst hat mein Vater in einem Geschäft als Schneidermeister mitgearbeitet, dann wollte der Besitzer nicht mehr und hat meinem Vater das Geschäft verkauft, mit Ratenzahlung.

▨ Wie sind Sie von den Deutschen aufgenommen worden?

Es kommt immer darauf an, dass man sich ein bisschen anpasst. Und dann geht es sehr gut. Man muss sich arrangieren. Wir sind Muslime, aber ich kann nicht überall rumlaufen und sagen, wir müssen jetzt beten, die Mädchen müssen Kopftuch tragen und so weiter. Das geht nicht. Meine Schwestern tragen kein Kopftuch.

▨ War die Anpassung schwierig?

Ja, am Anfang, als ich die Sprache nicht kannte, aber als ich besser sprechen konnte, war es nicht mehr schwierig. Ich war in einer Schule, in der wir die einzigen Ausländer waren. Ja, für sie war das neu, unsere Haare zum Beispiel. Aber als sie gemerkt haben, dass wir korrekt sind, sie nicht böse angucken, da war alles ok.

Und Ihre Mutter, hat sie gearbeitet?
In Hamburg nicht, aber in Berlin arbeitet sie mit Papa zusammen. Sie hat auch Deutsch-Kurse besucht.

Hatten Ihre Eltern das Gefühl, wieder nach Afghanistan zu wollen?
Sie wollten hier alles erst aufbauen. Sie sind auch später hingefahren, aber nur zu Besuch.

Gehen Sie in die Moschee?
Wir arbeiten ja den ganzen Tag. Wir können zu Hause beten. In Hamburg waren wir nach dem 11. September 2001 alle zusammen in einer Kirche. Damit hatten wir keine Probleme. Gott ist Gott. Das ist normal. Und wir konnten zusammen fünf Minuten schweigen, weil da viele Menschen gestorben sind.

Haben Sie einen deutschen Pass?
Nein, wir haben aber jetzt – nach 15 Jahren – eine unbefristete Aufenthaltserlaubnis. Und wenn man den Pass beantragen will, dann muss man viele Fragen beantworten. Aber es ist auch ein Problem mit denen, die einen deutschen Pass haben, sie denken, sie können sich alles erlauben.

Die machen ja viele Sachen, deswegen, wenn solche Leute Probleme machen, dann ist es für uns anderen zu schwer.

Hier bin ich aufgewachsen, ich bin hier zu Hause. Die Kultur gefällt mir. Wir feiern auch Weihnachten, mit Baum und so. Wir schenken uns was. Meine kleine Schwester, die ist jetzt 15, die wollte das auch.

Ich war nicht in Afghanistan, aber ich will auch nicht hin. Wir werden hier auch sterben.

Ihr Vater war ja ziemlich zielstrebig.
Ja, wir haben auch Hilfe bekommen, vom Jobcenter, vom Arbeitsamt. Aber das hat ihm nicht gefallen. Er meinte, er müsse selbst was

aufbauen. Für ein halbes Jahr ist das ok. Aber später wollte er nicht mehr unterstützt werden. Nun sind wir selbstständig. Meine große Schwester ist Apothekerin.

Ich habe im Praktikum in einem Kosmetikinstitut gearbeitet. Das hat mir gefallen, da habe ich auch einen Vertrag bekommen. Das Praktikum hier ist eine schlaue Einrichtung.

Hat Ihr Vater Freunde hier?

Ja, das kam durch seine Arbeit. Und durch die Treffen, Kontakte und die Arbeit hat er weiter Deutsch gelernt und hat auch noch einen Deutsch-Kurs gemacht. Er wollte immer, dass wir alle auf eigenen Beinen stehen. Wenn eine Familie nach Deutschland kommt, dann ist es gut, weil die Kinder zur Schule gehen. Mein Vater hat auch mit meiner Schwester Deutsch gelernt.

Angst war auch am Anfang noch da. Sie hatten Angst vor Abschiebung. Wir Kinder haben das nicht gemerkt. Unsere Mutter hat erst auch schlecht geschlafen. Aber der Vater war schlau. Er wollte raus aus der Sozialhilfe, hat immer gesagt, er will hier raus, will selbstständig werden. Ihm war die Arbeit wichtiger als das Geld, das er bekommt.

Ich habe Freunde, die Juden sind, die Christen sind. Meine Freundin ist halb Deutsche, halb Pakistanin. Sie wurde enttäuscht, aber ich kümmere mich um sie. Sie hatte eine schlechte Meinung von Männern, deshalb muss ich auch kämpfen, zeigen, dass ich anders bin. Die Frauen sind hart.

Aber es ist auch traurig, was in Deutschland passiert ist. Ich habe das Buch von Anne Frank gelesen. Und mich informiert.

Ich wohne noch in Schönefeld, wir haben deutsche Nachbarn. Die Nachbarn lassen ihre Kinder auch bei uns, wenn sie weggehen.

Ist in Deutschland etwas anders, als Sie es sich vorgesellt haben?

Alles war positiv. Wir haben das so erlebt, wie wir es uns vorgestellt haben.

Sind Sie als Ausländer diskriminiert worden?
Wir waren mal im Kino, als draußen ein Überfall von Schwarzen passierte. Da sind sie ins Kino gekommen und haben uns, weil wir ja auch anders aussahen, festgenommen. Als wir der Frau vorgestellt wurden, hat sie gesagt, wir waren das nicht. Da haben sie uns freigelassen.

Ich treffe mich aber selten mit ausländischen Freunden für längere Zeit irgendwo, dann gucken die anderen schon komisch, so eine ganze Gruppe ...

Aber man muss auch weggucken. Es gibt schon welche, die sagen: Scheiß-Ausländer. Aber ich weiß, was ich erreicht habe, und die meisten Leute hier sehen mich auch ganz normal an.

Was denken Sie über die Deutschen?
Eigentlich müssten die Deutschen sagen, was wir besser machen sollen. Aber man soll den Jugendlichen mehr helfen, allen, nicht nur Ausländern, um einen graden Weg zu finden, strenger sein in der Schule. Wenn man ein bisschen härter wäre zu den Kindern, dann wäre es besser. Man muss sie motivieren. Ihnen gut zureden, nicht aufzugeben. Die Familien sollen mit ihren Kindern reden, ihnen zuhören. Ich habe auch nicht verstanden, warum es deutschen Jugendlichen schlecht geht. Manche waren wirklich arm. Ich habe einem deutschen Jungen zum Abschluss der zehnten Klasse einen Anzug gekauft. Nicht weggucken, ich würde Ausländern helfen, auch Deutschen. Egal, aus welchem Land jemand kommt. Es kommt immer auf den Menschen an, wie er sich benimmt.

Was würden Sie in Berlin anders machen?
Mehr Arbeitsplätze schaffen. Mehr Bildung für alle. Dass die Lehrer ein bisschen strenger sind. Wenn Jugendliche sehen, dass die Eltern nichts erreicht haben, dann denken sie ein bisschen nach. Schule ist wichtig. Wenn die keinen Bock haben, dann soll man nicht sagen, es ist dein Leben. Man muss sich bemühen.

Freizeit muss auch sein. Aber in Hamburg war die Schule strenger. Wir waren nachmittags im Hort, das war richtig. In Hamburg haben sie gleich die Eltern angerufen. In Hamburg leben mehr Menschen aus Afghanistan. Da bin ich ganz froh, hier zu sein. Hier habe ich mehr mit Deutschen zu tun. Ich helfe auch Leuten aus Afghanistan. Eigentlich haben sie nicht schlecht gelebt dort, aber sie wollen ihre Ruhe haben. Aber hier kann man erst was erreichen, wenn man die Sprache kann.

Was wirklich gut ist, ist das Praktikum. Da sieht man, was Arbeit ist. Und da lernt man auch das Geld schätzen, das man mit eigener Arbeit verdient.

Interessieren Sie sich für Politik?
Ich sehe Nachrichten, habe aber keinen Kontakt zu Politikern. Mit meinem Pass komme ich überall hin. Nur in Amerika ist es schwieriger. Da muss ich alles nachweisen.

Arbeitet Ihr Vater noch?
Ja, wir haben inzwischen zwei Läden in Berlin. Den Laden hier habe ich übernommen, weil ich meinem Vater helfen wollte. Mein Vater vertraut mir und ich habe Respekt vor ihm. Er zeigt auch Respekt vor uns. So muss es sein.

Bijan K., 30

Herkunftsland der Eltern: Iran

»Wenn Deutschland mehr Sonne hätte,
wäre es das perfekteste Land der Welt.«

Wetterlage in Berlin

Wer in sein Geschäft kommt, wird freundlich begrüßt. Üppig aufge-
reiht: Zeitungen, Zeitschriften, Zigaretten, Tabak, am Ende des Ver-
kaufstisches eine Lotto-Annahmestelle.

Bijan K. trägt einen Schal um den Hals, es wird Herbst. Er ist
1982 in Berlin-Neukölln geboren. Sein Vater kam vor 40 Jahren
nach Deutschland, seine Mutter folgte drei Jahre später. Ohne direkt
gefährdet oder bedroht gewesen zu sein, wollte der Vater den Iran
verlassen. Er wollte etwas Neues beginnen. Zunächst hatte er die Absicht, in die USA zu gehen, reiste aber nach Hamburg, um dort zu
studieren. Das Abitur hatte er noch im Iran gemacht. Als Diplomin-
genieur für Maschinenbau fand er später in Berlin gute Arbeit, bis zur
Frührente, weil er noch einmal in den Iran gehen musste, um seinen
kranken Vater zu unterstützen. Dort zu bleiben, hat die Familie nicht
erwogen. »Man hat nicht die Freiheit«, sagt der Sohn. Als der Vater
einmal wieder aus dem Iran zurückkam, noch im Auto vom Flugha-
fen, habe er gesagt: »Ach, endlich wieder zu Hause.«

Die Familie hat noch viele Verwandte im Iran. Der Vater hatte zehn Geschwister, die Mutter auch. Bijan K. fährt gelegentlich zu Besuch in den Iran. Aber die Situation dort lasse es für ihn und seine Familie nicht zu, wieder dort zu leben.

Alle in der Familie haben einen deutschen Pass, behielten aber auch den iranischen, weil man den als iranischer Staatsbürger nicht abgeben dürfe. So reist er in Berlin mit dem deutschen Pass aus und in Teheran mit dem iranischen ein. Er habe als Deutscher keine Probleme im Iran, würde da aber nicht leben wollen.

Was ist Ihre Erinnerung an Ihre Kindheit in Deutschland?

Zunächst wohnten wir in Schöneberg, ab meinem fünften Lebensjahr dann in Spandau, in Haselhorst. Das war eine besonders gute Situation. Bis zu meinem zwölften Lebensjahr wusste ich gar nicht, dass es Ausländer gibt. Ich habe mich nie als Außenseiter gesehen in der Schule. Ich hatte deutsche Freunde. Aber wir sprachen auch Deutsch, mein Vater am besten von all seinen iranischen Freunden hier. Und ich hatte einen eigenen Horizont: Von unserer Wohnung über eine Wiese, über einen Bach zum Spielplatz. Das war eine sehr schöne Zeit.

Erst als ich begann mich zu bewerben – ich wollte früh arbeiten –, habe ich bemerkt, dass ich Ausländer bin. Ich habe dann bei einem iranischen Teppichhändler gearbeitet. Dann habe ich auch gelernt, was Deutsch ist: Man kommt zu ihnen nach Hause, sie essen, aber sie bieten einem nichts an. Damals war es so. Heute ist es schon anders. Die Eltern haben gesagt, ich soll das verstehen. Bei uns ist das üblich, dass man dem Gast etwas anbietet. Das ist bei uns so. Aber sie kennen das nicht.

Mit 20, 21 wurde das anders. Ich wurde nun immer als Ausländer angesehen. Ich wusste nicht, wohin ich gehöre. Im Iran ist es genauso. Ich werde als Nicht-Einheimischer erkannt, obwohl ich Persisch spreche.

Der Laden gab mir die Möglichkeit, selbstständig zu sein. Ich wollte von niemandem abhängig sein. Mir ist das gelungen. Sie müssen einen erst kennenlernen, es sind liebe Leute in dieser Gegend hier, wo mein Laden ist. Aber das wäre in einem kleinen Ort in einem anderen Land genauso. Nein, die Deutschen sind keine Nazis. Was haben die heute damit zu tun. Es gibt überall Verrückte, auch im Iran. Ich muss ganz ehrlich sagen: Ich liebe Deutschland, ich will hier niemals weg. Die Pünktlichkeit, die Ehrlichkeit. Neulich war ich bei VW, da haben sie mich angerufen, ich hatte fünf Euro zu viel bezahlt. Sie wollten mir das Geld überweisen. Im Iran, in der Türkei hätten sie es eingesteckt.

Glauben Sie mir, wenn in Deutschland besseres Wetter wäre, wenn Deutschland mehr Sonne hätte, dann wäre es das perfekteste Land der Welt. Wir haben hier Meer, wir haben Seen, wir haben Berge, alles. Das einzige Problem ist das Wetter, ich glaube, deshalb sind die Menschen so genervt.

Man muss sich selber bemühen, wenn man herkommt. Denn ich muss sagen, dass Deutschland ein sehr tolerantes Land ist. Wenn du zusiehst, dass du ihre Kultur verstehst, dass du ihre Gesetze beachtest, dann lebst du gut hier. Aber andere Ausländer machen mir mein Leben hier kaputt; die, die klauen, die sagen scheiß drauf, ist ja nicht mein Land. Ich komm in keine Disco rein, weil andere Scheiße bauen. Mir geht das auch manchmal so, wenn ich zwei sehe, die Ausländer sind und sich nicht kultiviert benehmen, dann werde ich auch aggressiv. Das Problem ist, dass die nicht verstehen, dass Deutschland ein tolerantes Land ist. Wenn die Deutschen das im Iran tun würden, was die Ausländer hier tun, dann würden sie festgenommen.

Deutschland hat auch den Fehler gemacht, alle Ausländer an einen Fleck zu bringen. Wenn die kultivierte Leute in der Nähe gehabt hätten, dann wären sie anders geworden.

Ist Deutschland zu tolerant?

Auf jeden Fall. Aber die Deutschen haben Angst. Wenn sie mit einem Finger auf einen Ausländer zeigen, dann heißt es gleich: Nazi. Und das nutzen manche Ausländer aus. Die Deutschen haben keine Eier in der Hose.

Wenn ein türkischer Opa zum Beispiel in Neukölln seiner Enkelin sagt, Deutschland ist schlecht, dann sagt das die Enkelin auch. Aber die Deutschen haben auch keine Ruhe. Immer mehr Ausländer kommen hierher. Ich würde die Grenzen zumachen. Die ersten Türken, die gekommen sind, wollten hier arbeiten. Bei der nächsten Generation ist das schon anders, das ist katastrophal.

▓ **Und woran liegt das?**
Weil die Eltern nicht wollen, dass ihre Kinder deutsch sind. Mein Vater und meine Mutter haben mir nie den Koran vorgehalten und gesagt: Das ist deine Religion. Sie haben mir nie gesagt, was ich nicht essen darf. Sie haben mir die Möglichkeit gegeben, mich frei zu entfalten und die deutsche Kultur anzunehmen. Wir haben zu Hause Deutsch gesprochen, bis sie gemerkt haben, dass ich Persisch verlerne, dann haben sie mit mir auch Persisch gesprochen.

▓ **Und warum sind dann diejenigen, die alles Deutsche ablehnen, hergekommen? Haben Sie eine Erklärung?**
Die kommen hierher, weil ihre Freunde erzählt haben, wenn du hierher kommst, dann kriegst du Geld. Und wenn du ein Kind bekommst, dann kriegst du noch mehr Geld. Dann kommen sie und merken die Kälte, die Pünktlichkeit, die Perfektion. Und dann wollen sie nichts machen, sie kriegen ja Geld, ohne was zu machen.

Man muss sich das so vorstellen: Einer kommt zu Ihnen, zieht seine Schuhe nicht aus, legt die Beine auf den Tisch, macht was er will, aber will bei Ihnen wohnen. Keiner würde das akzeptieren. Ich bin der Meinung, sie nutzen die Angst der Deutschen schamlos aus.

Man sollte darauf achten, dass die Grenzen nicht für jeden offen stehen. Ich glaube, wenn wir uns mehr Mühe gegeben hätten, dann würden die Menschen ganz anders reagieren. Die Ausländer haben einen falschen Stolz. Sie müssen nicht Deutsche werden.

Ich verstehe die Deutschen, aber sie verstehen mich nicht. Ich versuche, ihre Vorgaben einzuhalten. Aber neulich bin ich über die Busspur gefahren, da hält mich einer an und sagt: »Scheiß Kanake!« – Ich bin Deutscher!

Bei den Morden von einem Bruder an seiner Schwester zum Beispiel: Das ist doch nicht der Islam, oder wenn ein Jude einen Juden tötet, das sind Verbrecher, egal wo.

- **Wenn Kinder hierher kommen, dann müssen sie zur Schule gehen. Was haben die Schulen für Aufgaben?**
Die Rütli-Schule zum Beispiel. Wenn so viele Ausländerkinder da sind, können sie von anderen nichts lernen. Und zu Hause bringt ihnen das auch keiner bei. Was soll daraus werden? Und die Deutschen haben Angst, ihnen das zu sagen. Wer hierher kommen will, muss sich schon vorbereiten, die Sprache lernen, die Kultur kennenlernen. Wenn ihnen wichtig ist, dass sie hierbleiben, und sie nicht in Afrika, in der Türkei oder Afghanistan leben wollen, dann müssen sie die deutsche Sprache lernen, sonst ab dahin, wo ihr herkommt.

- **Machen die Schulen etwas falsch?**
Vielleicht denken die Lehrer auch, was soll ich mir so viel Mühe machen, wenn die das sowieso nicht wollen. Versuchen Sie mal, einer Mutter zu erklären, dass ihr Kind schlecht Deutsch spricht. Die hört gar nicht zu.

Wenn jeder Ausländer hier in Deutschland von sich selbst ausgehen würde, sich fragen würde, wie würde ich das empfinden, wenn Deutsche bei mir randalierten? Wie neulich ein Bubi, der eine Telefonzelle zertritt. Ich frage ihn, was er da macht, und er sagt: »Hej Abi (Bruder), ist doch nicht mein Land« – Was soll da Toleranz? Ich sage: »Ab in die Türkei!« Er: »Ich bin doch hier geboren!« Ich sage: »Dann bist du doch deutsch.« – Er weiß es selbst nicht.

Ich verstehe die Ausländer irgendwo, aber ich verstehe die Deutschen auch. Ich habe mich damit abgefunden, dass ich Ausländer bin. Äußerlich bin ich Iraner, aber innerlich ein Deutscher, ich habe einen deutschen Pass. Die Deutschen haben doch viel mehr als Hitler. Warum kommt ein amerikanischer Film nach dem anderen über Hitler? Sie müssen bei den Ausländern anfangen, ihnen erklären, dass sie sich hier zu benehmen haben. Schreiben Sie das auf Türkisch.

Ganz kurz zu dem Thema: Manchmal hasse ich mein Aussehen, ich möchte wie ein Deutscher aussehen. In München zum Beispiel. Wenn ich da in ein Lokal gehe, dann gucken sie mich ganz komisch an. Das ist wiederum ein Fehler der Deutschen: Sie dürfen nicht alle in einen Topf werfen.

Oder ein Restaurant in Berlin, ein schickes Restaurant, da wollten sie mich und meine Verlobte nicht reinlassen. Wo soll ich denn hin? Ich bin gerne hier. Deutschland ist mein Land. Und ich bin ganz doll traurig, dass viele Ausländer das nicht so sehen wie ich. Ich kann doch nicht auf *alle* Ausländer sauer sein, weil *einer* irgendwo eingebrochen ist. Ich finde, dass die Ausländer in Deutschland mal anfangen sollten, die Deutschen kennenzulernen. Wie ticken die Deutschen? – Gebt denen doch mal eine Chance. Ich glaube, bei aller Liebe und allem Respekt, man kriegt das nicht mehr weg. Das dauert noch 50 Jahre. Und wenn ein Deutscher seine Fahne raushängt, lasst ihn doch. Damit ist er doch kein Nazi. Deutschland ist das stärkste Land, das es gibt. Darauf können sie doch stolz sein. Deutschland muss mal anfangen, deutlich zu werden, soll denen sagen, die sich schlecht benehmen: So geht es nicht!

Am allerbesten wäre es, wenn man Kreuzberg auflösen würde. Nicht mit dem Gedanken herkommen, hier kriege ich Sozialhilfe. Mein Vater hat 40 Jahre hier gearbeitet und Steuern bezahlt. Wenn er Sozialhilfe kriegt, wäre das etwas anderes.

So, jetzt habe ich genug auf die Ausländer »gemeckert«. Wichtig ist: Wir sind alle Menschen und müssen miteinander auskommen. Ich glaube nicht, dass morgen alle Ausländer weg sind: genauso wenig werden die Deutschen auswandern. Also müssen wir versuchen, miteinander zu leben.

Die Schwestern Asili

Herkunftsland der Familie: Türkei

Berin Asili, technische Zeichnerin, 37
Nadire Asili, Friseurin, 48
Nesrin Asili, Krankenschwester, 38
Elif Asili, vielfältige Berufstätigkeit, 42

*»Es gibt keine deutsche Ordnung,
Ordnung ist Ordnung.«*

Nadire Asili, Juni 2012

Den Kontakt zu Nadire Asili vermittelte mir eine ihrer Kundinnen. In einem ersten Gespräch fragte ich sie nach ihren Eindrücken von Berlin.

Nadire: »Ich bin mit 14 nach Berlin gekommen. Es war nicht bunt, nicht hell, es war dunkel und Nacht, die Wohnung lag in einem Hinterhof. Dieses Bild habe ich bis heute nicht vergessen. Ich bin auch später nicht ganz warm geworden, obwohl ich mich schnell eingelebt habe, ich habe mich angepasst. Aber bei Freundschaften wurde immer eine Gegenleistung erwartet. Die regelhaften Verhaltensweisen und die Disziplin entsprechen nicht unserer Kultur, sie sind oft störend für Beziehungen.

Das Bild vom Anfang hat sich für mich inzwischen verändert, weil ich heute selbstständig und anders lebe und sagen kann: Berlin ist mein Zuhause. Aber ich kann mir vorstellen, auch wieder in der Türkei zu leben. Das Leben ist in Deutschland einfacher und auch ein bisschen langweiliger. Und in der Türkei ist das Wetter besser.«

Nadire regte ein gemeinsames Gespräch mit ihren Schwestern an. Wir trafen uns mit ihren drei Schwestern in dem Zeitungsladen von Elifs Tochter in Adlershof. Die Eltern haben erst vor Kurzem den Laden für die Tochter erworben. Neben Zeitungen und Zigaretten gibt es dort selbstgemachtes Gebäck, Tee und Kaffee, Getränke aus dem Regal und man kann Lotto spielen. Der Laden liegt in einer größeren Siedlung mit gleichförmigen Häuserzeilen und gemischter Bevölkerung.

Elifs Mann arbeitet im Hintergrund, kocht Kaffee für uns, säubert den Fußboden. Auch am nächsten Tag (Sonntag) soll alles ordentlich sein. »Ordnung ist Ordnung«, er bezieht das auf alle Menschen, hält das nicht für eine deutsche Eigenschaft.

Die Familie lebte in einem Dorf in der Nähe von Ankara, später zogen sie in die Stadt, wo der Vater einen kleinen Laden betrieb. Der Vater ging Anfang der 1970er Jahre allein nach Frankreich, die Mutter blieb mit den drei Kindern in Ankara. Einige Jahre später entschloss sich der Vater, nach West-Berlin zu gehen. Die Familie folgte ihm 1984.

Sie lebten zunächst in einer Einzimmer-Wohnung in Wedding, Vater, Mutter und inzwischen sechs Kinder. Nach kurzer Zeit konnten sie zwei gegenüberliegende Eineinhalbzimmer-Wohnungen beziehen. Der Vater legte Wert darauf, dass die Kinder zum Lernen Platz und Ruhe hatten.

Sonntags und vor allem in den Ferien ging er mit Frau und Kindern, oft auch unter Protest, in Museen, fuhr nach Potsdam, zeigte ihnen Berlin und die Umgebung. Der Vater liebte besonders die Dampferfahrten, ist Nadire in Erinnerung.

Wie war das Verhältnis zu Ihrem Vater?

Elif: Der Vater war extrem eifersüchtig, er ließ uns nur in Begleitung unserer Mutter zum Schwimmen gehen. Und Berlin habe ich durch meinen Papa kennengelernt. Er hat mit uns immer etwas unternommen. Es durfte kein Kind zu Hause bleiben. Manchmal wollten wir uns dem entziehen und sagten, wir können nicht, wir hätten unsere Tage. Als die Mutter ihm sagte, dass die Kleinste nun auch »ein Mädchen« geworden sei, ging er gleich am Montag mit mir die ersten Stöckelschuhe kaufen. In Rot. Er ging mit uns auch immer einkaufen.

Was denken Sie über Deutschland?

Nesrin: Es wird immer wieder alles neu aufgerollt. Sarrazin zum Beispiel. Das ist doch alles längst anders, obwohl das Bild von Gewalt noch vorhanden ist. Die Menschen vergessen zu schnell.

Aber in jedem Menschen steckt ein bisschen Aggressivität, auch in jedem Türken.

Wie ist Ihre Haltung zum Kopftuch?

Elif: Wenn ich sage, ich komme aus der Türkei, dann werde ich gefragt, warum ich kein Kopftuch trage. Ich denke, dass die Deutschen die Türken gar nicht kennen. Sie sehen nur die schwarzen Haare, aber sprechen nicht miteinander.

Nadire: Für uns passt das Tragen von »Kopftuch« nicht zum Glauben.

Was denken Sie über den türkischen Mann?

Nesrin: Der Türke gibt gerne an. Zu Hause hat der Mann nichts zu sagen. Aber draußen, da spielt er den Macho.

Nadire: Jedenfalls in der Generation unseres Vaters, da kennen wir einige Beispiele.

Unterscheiden sich deutsche und türkische Frauen?

Nesrin: Die Frauen mussten an sich schon kämpfen, seit Jahrhunderten. Und das ist nicht nur in der Türkei so. Die deutschen Frauen verdienen heute noch im Durchschnitt weniger als die Männer. Und wir hatten früher als die Deutschen eine Ministerpräsidentin (Ciller), auch in Pakistan war es so.

Elif: Viele deutsche Frauen haben ausländische Partner. Warum?

Nadire: Früher fühlten sie sich gegenseitig als etwas Besonderes. Heute ist das normaler geworden, europäischer.

Elif: Obwohl viele denken, wir wären Hinterwäldler, sind die türkischen Männer höflicher als deutsche.

Was denken Sie über die unterschiedlichen Mentalitäten?

Elif: Ich hatte eine deutsche Schwiegermutter. Da traute ich mich nicht etwas anzufassen. Die deutsche Ordnung!

Nesrin: Es gibt keine deutsche Ordnung. Ordnung ist Ordnung.

Und über die »Ehrenmorde«?

Elif: Das gibt es wohl noch so. Auch Zwangsheiraten. Aber wenn der Türke das macht, ist es Ehrenmord, wenn der Deutsche das macht, ist es Eifersucht. Mord ist Mord. Auf den Dörfern in Deutschland ist vieles auch noch anders. Bei der Serie »Bauer sucht Frau« hat noch kein Bauer gesagt, ich suche einen männlichen Partner. Das würden sie auf dem Dorf noch nicht aushalten.

Welchen Eindruck haben Sie von Ihrer Schulzeit?

Nadire: Der Vater bestand darauf, zu Hause Türkisch zu sprechen, was ich heute richtig finde. Aber er hat auch erwartet, dass wir richtig Deutsch lernen.

Nesrin: Wenn die Deutschen Vieren und Fünfen schreiben, dann wird nichts gesagt, aber bei den Türken schon. Ich habe in Deutsch Einsen geschrieben. Obwohl ich auch Türkisch kann. Die Deutschen können nur eine Sprache. Es kommt immer darauf an, wie man erzogen wird. Zu Hause.

Fühlen Sie sich von Deutschen akzeptiert?

Elif: Jeder ist Ausländer, irgendwo. Wir haben das schon fast vergessen.

Nadire: Erst, nachdem ich schon ein Jahr in dem Salon gearbeitet hatte, wurde ich richtig anerkannt. Sie waren misstrauisch. Ich wurde durch meine Arbeit anerkannt.

Nesrin: Wenn man andere runtermacht, dann hat man Minderwertigkeitskomplexe. Eigentlich haben das die Deutschen gar nicht nötig.

Elif: Jedes Mal, wenn ich in Deutschland unter Ossis war, dann wurde gequatscht, nur nicht mit mir. Ich habe manchmal gesagt: Stell dir vor, ich bin du, du bist ich. Ich habe ein Geschäft, du könntest bei mir arbeiten. Ich habe mal einer Ostdeutschen gesagt: Wann bist du denn in die BRD gekommen, wir sind schon viel länger hier. Oder das Wort »eingedeutscht«: Ich bin nicht »eingedeutscht«, ich kann das Wort nicht leiden. Wieso bist du dagegen, werde ich gefragt. Ich bin nicht dagegen. Mein Exmann wollte aus mir eine deutsche Frau machen. Ich habe ihm gesagt, ich mache aus dir auch keinen türkischen Mann. Ich bin ich und du bist du. Darum haben wir uns genommen.

Wie sehen Sie die Familie?
Elif: Es muss Gegenseitigkeit geben. Die Kinder machen das, was sie bei den Eltern sehen. Aber was ich bei meinem Vater gehasst habe, das mache ich jetzt selbst: immer den Kindern Geld geben, zur Belohnung oder für den Familienfrieden. Wenn ich zu spät komme, habe ich Geschenke gekauft. Ich wollte, dass mein Kind perfekt wird. Das ist falsch.

Jeder Mensch hat im Grunde die gleichen Probleme, ob türkisch oder deutsch. Wenn man uns nicht sieht und uns nur hört, dann kann man nicht sagen, ob wir deutsch oder türkisch sind.

Tatjana Koroll, 67

Herkunftsland: Rumänien/Ukraine

»Die Bukowina ist ein wunderschönes Land«

Tatjana Koroll an ihrem Arbeitsplatz, 2012

»Die Landschaft, aus der ich zu Ihnen komme, dürfte den meisten von Ihnen unbekannt sein. Es war eine Gegend, in der Menschen und Bücher lebten ... Diese nun der Geschichtslosigkeit anheimgefallene ehemalige Provinz der Habsburger Monarchie.« Paul Celan, 1958

Tatjana Koroll bat darum, dieses Zitat ihrem Interview voranzustellen.

Wir treffen uns im Haus der Verwaltung der Jüdischen Gemeinde zu Berlin neben der Synagoge in der Oranienburger Straße in einem großen, hellen Raum, in dem Tatjana Koroll als Zuständige für soziale Belange der Gemeindemitglieder arbeitet. Tatjanas Familie lebte vor dem Zweiten Weltkrieg in der Bukowina, damals Rumänien, heute Ukraine. Die Familie war von der deutsch-jüdischen Kultur geprägt. Es wurde Deutsch gesprochen.

Die Großmutter und der Vater haben ein deutsches Gymnasium besucht. Die Großmutter noch zur Zeit der Monarchie, sie schwärmte von dem schönen Leben in Österreich. Tatjanas Großtanten haben Germanistik in Wien studiert.

»Die Region um Czernowitz hatte mit den Menschen unterschiedlicher Herkunft ein großes kulturelles Potenzial«, sagt Tatjana. Im Juni 1940 kamen in Folge des Hitler-Stalin-Pakts die Sowjets in die Bukowina. Tatjanas Eltern lebten damals in Bukarest. »Die braune Chimäre marschierte bereits durch Europa«, sagt Tatjana. Ihre Eltern, inzwischen beide Ärzte, versuchten eine Ausreise aus Rumänien zu erwirken, was ihnen aber nicht gelang. Sie kehrten an den Heimatort von Tatjanas Vater zurück. Ein Jahr lang arbeiteten sie in einem Krankenhaus in Storoshinetz bei Czernowitz unter den sowjetischen Machthabern. Dann begann der deutsche Angriff auf die Sowjetunion.

Parallel dazu wurde die Bukowina durch Deutsche und Rumänen besetzt. Danach wurden Tatjanas Eltern und Großeltern interniert und kamen in verschiedene Ghettos Transnistriens. Eltern und Großmutter überlebten den Holocaust und wurden von der Roten Armee im März 1944 befreit. Im Spätsommer 1944 kam die Genehmigung des KGB zur Rückkehr der Familie in die Bukowina.

Tatjana Koroll, geborene Feldhammer, kam am 18. Januar 1945 in Storoshinetz bei Czernowitz zur Welt. Trotz der schweren Nachkriegsjahre hatte sie eine von den Eltern und der Großmutter beschützte Kindheit. Mit Schulbeginn musste sie Russisch lernen. Damit hatte sich die Tür »in die Welt der reichen russischen Kultur« geöffnet.

»Heute bin ich meinen Eltern dankbar, dass mir während meiner Kindheit Sprachen beigebracht wurden. ›Je mehr Sprachen du beherrschst, umso mehr bist du ein Mensch‹ – ich kann mich nicht an den Autor dieses Spruches erinnern.« Tatjana absolvierte nach ihrer Schulzeit ein Sprachenstudium, sie lernte Englisch.

Sie hatte kein Problem mit ihrer jüdischen Religion in der Schule, weil Religion generell kein Thema war. Schon in den Schuljahren hatte sie lernen müssen, im totalitären Staat zwei Leben zu leben: das eine im Kreis der Familie, das andere in der Öffentlichkeit und am Arbeitsplatz. Man musste immer aufpassen, wie man sich verhielt. »Mein Vater als Arzt jüdischer Herkunft musste Anfang der

1950er Jahre unter der Kampagne gegen jüdische Ärzte leiden, und nur Stalins Tod hat ihn gerettet. Die Eltern haben vor dem Krieg in einer freien Welt gelebt, dann sind sie in einem Käfig gelandet«, sagt Tatjana.

Warum kamen Sie nach Deutschland?

Durch meine Familiengeschichte gab es für mich schon immer eine Bindung zur deutschen Kultur, angefangen mit Grimms Märchen, die meine Großmutter mir auf Deutsch vorgelesen hat. Sie hat mit mir nur Deutsch gesprochen. Oft denke ich daran, wie glücklich mein Vater wäre, hier zu leben, im Lande seiner Sprache. Russisch hat er nie vollkommen erlernt. Obwohl er die Schrecken des Holocaust erlebte und überlebte, hat er keinen Hass gegen die Deutschen entwickelt. In meiner Familie wurde – im Gegensatz zu vielen anderen Überlebenden, wie ich jetzt weiß und verstehe, warum – über den Holocaust gesprochen. Ich kann mich gut an eine Erzählung meines Vaters über ein Treffen mit einem deutschen Offizier erinnern: An einem Winterabend betrat ein deutscher Offizier die Hütte im Ghetto. Als er Deutsch hörte, entstand ein Gespräch. Aus der Brusttasche zog er ein Foto seiner Familie und plötzlich brach er in Tränen aus. Er wusste nicht, was ihn auf den Wegen des Krieges noch erwarten würde und ob er seine Familie würde wieder umarmen können. Er hätte in seinem Sudetenland friedlich leben können, wäre nicht »dieser schwarze Teufel« gekommen.

Jedem Juden, der heute in Deutschland lebt, wird immer die Frage gestellt: »Warum kamen Sie nach Deutschland?« Meine Antwort: Ich glaube an die Demokratie dieses Landes! Die Möglichkeit, nach Deutschland einzuwandern, war für uns eine Überraschung, von der wir erst auf dem Weg nach Wien erfahren haben. Die Auswanderung ging gewöhnlich mit israelischen Visa über Österreich nach Israel oder in die USA, eine kurze Zeit auch nach Kanada und Australien.

Wann sind Sie nach Deutschland gekommen?

Nach einem erneuten Antrag 1987, der erste wurde 1980 abgelehnt, haben wir (mein Ehemann, mein Sohn, meine Mutter und ich) die

Auswanderungspapiere erhalten. Wir wussten, dass wir Czernowitz für immer verlassen. Wir hatten nicht die Absicht, nach Israel zu gehen. Wir wollten in einer Kultur leben, die uns als Europäer näher stand. Wir fuhren ins »Nirgendwo« und hofften, in Wien die richtige Entscheidung zu treffen. Darum war die Destination Deutschland so erfreulich. Ich wusste, dass die Integration ins neue Leben, egal wo, nicht leicht würde, und war bereit, in der ersten Zeit putzen zu gehen, um meinem Mann zu ermöglichen, seinen Arztberuf approbieren zu lassen und unserem Sohn, ein Studium aufzunehmen. Aber das Schicksal entschied anders. Wir verbrachten fast ein ganzes Jahr im wunderschönen, gemütlichen Wien und warteten auf unsere Papiere für Deutschland – West-Berlin. Ich arbeitete während dieser Zeit in einer amerikanischen Flüchtlingshilfsorganisation, wo ich meine ersten Erfahrungen in der Arbeit mit Emigranten gemacht habe.

Wie war der Anfang in Berlin?
Wir galten als Staatenlose, da wir beim Verlassen der Sowjetunion ausgebürgert worden waren. Unsere Hochschuldiplome hatten wir zurückgeben müssen. Wir hatten aber vorsorglich beglaubigte Kopien über das Holländische Konsulat in Moskau schicken lassen, die wir noch in Wien erhielten. In Berlin lebten wir eineinhalb Jahre in einer Pension. Ich war intensiv auf der Arbeitssuche und habe hie und da an Sprachschulen Russisch und Englisch unterrichtet.

Im August 1990 habe ich meine Arbeit in der Zweigstelle der Zentralwohlfahrtsstelle der Juden in Deutschland in Berlin aufgenommen, man erwartete nach 1989 eine große Welle von Zuwanderern aus der ehemaligen Sowjetunion. Seit 1994 bin ich Angestellte der Sozialabteilung der Jüdischen Gemeinde zu Berlin.

Mein Sohn konnte nach einem Jahr Studienkolleg ein Studium der Biochemie an der Freien Universität Berlin aufnehmen, absolvieren und promovieren. Mein Mann hat einen schweren Weg zu seinem Beruf in Deutschland gehen müssen, der Hochschulabschluss und die langjährige Berufserfahrung wurden nicht anerkannt. Er musste als Assistent in einer Praxis arbeiten, weitere Prüfungen bestehen. Heute arbeitet er in seiner eigenen Praxis. Meine Mutter als Rentnerin hatte kaum Probleme in Deutschland.

■ **Hatten Sie jemals die Absicht,
in das Land Ihrer Geburt zurückzukehren?**
Nie. In das Land, das mich ausgebürgert hat? Obwohl die Bukowina
wunderschön ist und ich gern die Orte meiner Kindheit und Jugend
besuche.

■ **Wie geht es Ihnen in Berlin?**
Ich glaube, dass meine Familie sich in das Leben hier integriert hat.
Wir sind seit 1996 eingebürgert. Deutschland und besonders Berlin sind heute multikulturell. Doch die deutsche Gesellschaft bleibt
leider geschlossen. Wegen meines Berufes bin ich oft mit der deutschen Bürokratie konfrontiert. Ich wünsche mir, dass Deutschland
sich zu einer offenen Gesellschaft entwickelt, wo Menschen unterschiedlicher Herkunft und Kultur sich wohlfühlen und geachtet werden, trotz des Migrationshintergrundes.

Anat Bleiberg, 60

Herkunftsland: Israel

»Ich war neugierig auf das Deutschland nach dem Krieg.«

Anat Bleiberg

Ich treffe Anat Bleiberg an ihrem Arbeitsplatz. Die Verwaltungs-
räume der Jüdischen Gemeinde neben der Synagoge in der Oranienburger Straße sind lichtdurchflutet, kühl und geräumig. Auf dem
Fensterbrett grünen selbst gesammelte und selbst gepflanzte Samen
aus aller Welt, wie mir Anat Bleiberg erklärt. Sie hat, wie schon bei
unserem ersten Treffen, einen dicken Schal um den Hals gewunden,
es sieht dekorativ aus, »besser als Schwarz tragen«. Und es wirkt ein
wenig so, als sei ihr kalt.

Anat Bleiberg ist 1974 als 23-Jährige allein aus Israel nach
Deutschland gekommen. Sie wollte Sozialpädagogik studieren, was
in Israel wegen der Studiengebühren und der hohen Anforderungen
schwierig war. Sie hatte ein Studium in Israel nach zwei Jahren abgebrochen, reiste zunächst durch Europa und besuchte auch Verwandte
in Düsseldorf. Auf Anregung eines Freundes kam sie in das ihr unbe-
kannte Berlin. »Ich hatte keine Ahnung, wo die Grenzlinie verläuft,
und davon, dass Berlin eine Insel ist, schon gar nicht.«

Sie sprach nur Hebräisch und Englisch, lernte Deutsch zunächst in einer Privatschule, später an der Volkshochschule, absolvierte ihre Sprachprüfung am Goethe-Institut. Dann konnte sie ihr Studium in Berlin beginnen.

»Ich habe während dieser Jahre in einer Pizzeria gearbeitet, in der Küche, an der Bar und als Bedienung. Nachts habe ich beim Springer-Verlag Zeitungen vor der Auslieferung mit Werbung bestückt, immer dieselben Handgriffe. Aber es gab Nacht- und Feiertagszuschlag. Ich bin sechs Mal in sechs Monaten umgezogen, bis ich eine WG fand. Eine deutsche Familie hat mich sehr unterstützt, fast adoptiert.« Amüsiert erzählt sie, dass sie auf Anregung bei privaten Einladungen immer eine Flasche Wein und Blumen mitgebracht habe, »weil man das so macht«. In Israel seien Besuche spontaner und unkomplizierter gewesen. »Freunde brachten mir bei, dass man am Sonntag die Fenster nicht putzen darf, dass Holzfußboden nicht nass gewischt wird und dass für manche Menschen Katzen, Hunde, Wellensittiche und Hamster genau so viel wert sind wie Menschen, vielleicht sogar mehr.«

Während des Studiums, das sie 1981 abschloss, hat sie ihren Mann kennengelernt und geheiratet, 1978 und 1980 wurden ihre Kinder geboren. Sie nahm Pflegekinder auf, arbeitete in der Familienhilfe, als Tagesmutter, um bei den Kindern zu sein. »Ich habe darauf verzichtet, mit meinen Kindern Hebräisch zu sprechen, das habe ich später mehr als bereut. Wir sprachen Deutsch. Ich wollte mit meinen Kindern Schulaufgaben machen und sie verstehen. Und ich wollte in Deutschland berufstätig sein.« Nachdem die Kinder in die Kita gingen, hat sie – nach einem Buchhaltungskurs – in der kleinen Firma ihres Mannes gearbeitet. 1985 wurde die Firma geschlossen, sie war arbeitslos. Das Arbeitsamt stempelte sie als unvermittelbar ab und bot ihr dafür einen Computerkurs an.

So bewarb sie sich auf eine Stelle in der Jüdischen Gemeinde Berlin. Sie wurde als Mitarbeiterin in der Sozialabteilung eingestellt, die damals aus vier Personen bestand. Sie wurde Leiterin der Abteilung, ausgestattet mit einem Spezialistenteam von acht Mitarbeiterinnen und Mitarbeitern. Sie hat die Abteilung neu strukturiert. Während früher die Sozialabteilung aus »gutherzigen und gutwilligen Gemeindeschwestern« bestand, musste die Arbeit zunehmend professioneller werden. Um das ganze Spektrum der Sozialarbeit in dem Gemeinwesen abdecken zu können, mussten neue Wege gesucht werden. Es gab durch die vielen Zuwanderer seit Anfang der 1990er Jahre andere Anforderungen. Die Räume quollen vor Neuankömmlingen über. Russischsprachige Kollegen ergänzten das Team und es gab Soforthilfe fast rund um die Uhr. »Der Senat von Berlin kümmerte sich allein um das Aufnahmeverfahren. Mit der Zuweisung in Sprachschulen war für die Behörden Schluss mit Integration. Für uns war das erst der Anfang. Wie man die Integration hinkriegt, mussten wir durch learning by doing herausfinden.«

Anat Bleiberg lebt seit 38 Jahren in Deutschland und hat nach wie vor nur ihren israelischen Pass. Sie hat damit keine Probleme. Außer bei Wahlen, von denen sie, hier wie dort, ausgeschlossen ist. »Das ist eine Herzenssache, ein Stück Identität, die es gilt zu bewahren.«

■ **Woher und wann kamen Ihre Eltern nach Israel?**
Meine Mutter ist schon in Palästina geboren. Ihre Eltern waren 1920 als junge 18-Jährige aus der Ukraine nach langer Reise nach Palästina gekommen. Der Großvater war Pionier der Kibbuzbewegung und Hobbykomponist, sie lebten in einem Kibbuz an der Straße nach Jerusalem, die sie buchstäblich mit ihren eigenen Händen aufgebaut haben.

Mein Vater stammt aus der Bukowina, damals Rumänien, seine Familie hatte eine Holzfabrik. Sie sprachen nicht Rumänisch, sondern zu Hause eine Mischung aus Deutsch und Jiddisch (bekannt als »Dajtsch«). Nach der deutschen Invasion wurden sie von den Angestellten gewarnt und kamen vorerst bei Verwandten in Czernowitz unter. 1941 wurde die Familie getrennt, Vater und sein Bruder sind verschwunden und die restliche Familie wurde deportiert, Richtung Ukraine. Mein Vater war Teil eines großen Fußmarsches Richtung Don. Dabei hat er keine Deutschen kennengelernt, dafür Rumänen, die die Deportierten ausplünderten. Nach einer vierjährigen Odyssee kam er in ein Waisenkinderheim und von dort schließlich mit der Jugendorganisation Aliya mit einem Schiffstransport nach Israel. Vor seinen Augen wurde ein zweites Schiff mit jüdischen Flüchtlingen vor der Ankunft im sicheren Hafen von den Deutschen versenkt. Da war er erst 15.

So kam mein Vater in den Kibbuz, in dem auch meine Mutter mit ihren Eltern lebte. Er bekam Hebräisch-Unterricht, eine Handwerker- und militärische Schutzausbildung. Er blieb im Kibbuz, war zunächst auf den Fruchtplantagen tätig und dann in der Metallwerkstatt. Sie haben dann geheiratet, ich und meine Geschwister haben auch im Kibbuz gelebt. Meine Mutter war dort in der Schule Musiklehrerin. Mein Vater wurde später einer der bekanntesten Vogelzüchter Israels. Meir Shalev hat ihn besucht und ihn zum Vorbild für seine Figur des Kanarienzüchters in seinem Buch »Judiths Liebe« genommen.

Die Geschichte über seine Flucht und diese Jahre habe ich erst in seinen letzten Lebensjahren erfahren, seine Rettungsgeschichte war zu Hause kein Thema. Ich bin meinen Eltern sehr dankbar, dass sie ein neues Leben begonnen und mich nicht zum Hass erzogen haben.

Was haben Sie von Deutschland erwartet?

Erwartet habe ich eigentlich nichts. Ich war da und habe abgewartet, was dann passieren wird. Ich war neugierig auf das Deutschland nach dem Krieg, es schien mir reizvoll, die israelische Sicht auf Deutschland zu überprüfen.

Meine Eltern haben meine Entscheidung resignierend toleriert. Mein Vater hat mich zwei Mal in Berlin besucht, er fand das Land, das er nicht kannte, anders und weniger intellektuell, als er es von der deutschen Kolonie in der Bukowina kannte. Er traf hier auf andere Deutsche als die, von denen er gehört hatte. Doch er hatte hier immer wieder Angstträume von dem Klopfen an der Tür.

Die deutsche Sprache habe ich lieb gewonnen, obwohl ich sie niemals ganz beherrschen werde. Sie ist vom Klang her katastrophal, aber der Ausdruck ist genial. Deutsch werde ich nie sein, aber Berlinerin bin ich schon seit Jahrzehnten.

Wie reagierten Deutsche auf Sie?

Als ich nach Deutschland kam und noch gar nichts verstanden habe, war ich hier noch nicht und da nicht mehr. Ich war in einem Vakuum gelandet, das ich für eine Weile angenommen und genossen habe, weil es den Druck der israelischen Realität von mir nahm. Es dauerte eine Zeit, bis ich mich wieder stark und gesund fühlte und neu »aufnehmen« konnte.

Und der Krieg war hier auch kein Thema mehr, es war mir recht so. Sobald ich mein Herkunftsland genannt habe, gaben sich die Menschen schuldig oder sogar unschuldig. Als Israelin muss ich dauernd mein Land erklären und die Politik rechtfertigen. Das Bild hatte sich dennoch stark verändert. Früher gab es eine Bedrückung wegen des Holocaust, heute gibt es unverhältnismäßige Vorwürfe gegen die israelische Politik wegen des Verhältnisses zu den Palästinensern. Die Medien stellen Israel als das Zentrum des Bösen und die Ursache für alles Leid dar. Fast sprechen sie dem Land die Existenzberechtigung ab. Das ist fern jeglicher Realität und es tut sehr weh.

Hatten Sie jemals die Absicht, zurückzukehren?

Nach der Heirat wollte ich mit meinem Mann nach Israel einwandern, dann aber gab es immer gute Gründe, doch zu bleiben. Darüber nachgedacht haben wir wieder, als nach dem Mauerfall und der ersten Euphorie die Neonazis abstoßend wurden und man von brennenden Häusern und Überfällen hörte. Und wie man jetzt so spät erfährt, hat in aller Ruhe eine Mörderbande wachsen können, und es ist gut, dass nun eine Debatte angestoßen wurde.

So sehe ich übrigens auch das Buch von Sarrazin, das neben allem Unsinn, der dort geschrieben wird, auch eine wichtige Debatte zum Thema Euroislam angestoßen hat.

Na ja, Inshallah (so Gott will) werde ich vielleicht nach der Pensionierung über ein Rückkehren nachdenken. Springen zwischen beiden Ländern kann ich mir sehr gut vorstellen.

Wie sehen Sie unsere Gesellschaft heute?

Die Bürokratie hat merklich zugenommen. Und es sind mehr Frauen in den Ämtern, es ist beruflich schwieriger, mit ihnen auszukommen als mit Männern. Die Frauen sind verbissener. Sie vertreten ihre Ämter dermaßen überloyal, als ob sie nicht selbst denken könnten.

Seitdem sich die Deutschen in ihrer Nationalität wiedergefunden haben – vor allem bei und nach der Fußballweltmeisterschaft 2006 –, gibt es vielleicht doch wieder extreme Wirkungen. Es war eine Zeitlang ganz toll von den Deutschen, als sie zwei Augen zugedrückt haben, zum Beispiel bei dem Polenmarkt oder bei den rumänischen Kindern, die per Zug einfach nach Deutschland verschickt wurden. Es ist vielleicht eine Zeit des Umbruchs gewesen und sie haben gelassen viel zugelassen. Nun kam das Umschlagen in neue nationalistische Empfindungen. Sie konnten sich ja lange Zeit nach dem Krieg nicht erlauben, patriotisch zu sein.

Ich kann mich heute viel schneller und besser über Blogs und das Internet überhaupt über Ereignisse und Hintergründe informieren als mit Zeitungen und dem Fernsehen. Probleme wie Globalisierung, zentrale Oligarchienpolitik und Gentrifizierung sind Welt-Probleme und nicht für Deutschland allein typisch.

Aber ich sehe noch eine andere Gefahr: Man hört inzwischen Meinungen, dass Deutschland schon wieder so stark sei, dass das Europa der Zukunft ein deutsches zu werden droht. Heute muss man nicht mehr zu Felde ziehen, um Handelswege zu erobern. Wirtschaftliche Macht, Marketing und Werbung seien eine neue Möglichkeit, um wieder alle in die Tasche zu stecken. Man kann heute auch Weltmacht sein, ohne Kriege, nur durch wirtschaftliche Kraft. Die Stimmung in Griechenland und Frankreich zeugt von Reaktionen auf den deutschen Einfluss in Europa. Menschen erinnern sich auch wieder an den Zweiten Weltkrieg und fühlen sich wieder unter fremder Herrschaft.

Deutschland hört zu viel auf Experten-Meinungen, diese Experten haben kein politisches Gespür. Und die Superreichen spielen auf einem anderen, eigenen Spielfeld.

Fühlen Sie sich in Deutschland zu Hause?

Ich habe mich schon nach zwei Jahren dabei ertappt, wie ich in der deutschen Sprache träumte, die ein Teil von mir geworden war.

Meine Kollegen, Freunde und Kinder leben hier, mein Sohn ist Musiker, meine Tochter Psychologin. Meine Enkeltochter schreibt bald das Abitur. Wir fahren ein bis zwei Mal im Jahr zum Familientreffen nach Israel. Meine Mutter, die jetzt über 80 Jahre ist, hat nach ihrer Pensionierung Musikwissenschaften studiert und promoviert. Zur Feier des Abschlusses von 100 neuen Doktoren wurde überraschend ein Musikstück meines Großvaters gespielt. Die Familie war von dem Zufall schockiert, als ob er auch noch dabei sein wollte.

Trotzdem: Ich möchte noch in Berlin bleiben. Berlin ist jung und noch internationaler geworden, und es gibt neue, interessante Impulse in Sachen Kunst und Kultur. Deutschland hat meine Persönlichkeit erweitert. Ich habe hier studiert, als in den frühen Siebzigern die »Revolutionäre« noch das Sagen hatten. Wir wurden noch zum selber Denken und Mitbestimmen erzogen. Das sitzt.

Ülker Akoglu, 42

Herkunftsland: Türkei

»Das Deutsche ist ein Teil von mir«

Ülker Akoglu bei einer Erholungspause

Ülker Akoglu hat seit 1998 einen deutschen Pass. Geboren (»zum ersten Mal auf die Welt gekommen«, sagt sie) ist sie 1969 in der Region Dersim in Ost-Anatolien, als viertes von sechs Kindern eines Bauern. Der Großvater war Ara (Gutsherr) mit großen Ländereien, die später unter seinen Kindern aufgeteilt wurden.

Der Vater ist als Sanitäter bei der Armee ausgebildet worden, nach seiner Rückkehr in sein Dorf leistete er dort medizinische Hilfe. Wegen des weiten Schulwegs hat nur er und nicht die Mutter die Schule besucht. 1969 ging der Vater aufgrund der Versprechungen in den Anwerbeaktionen nach Deutschland. Seine Frau und die Kinder blieben im Dorf, erst 1972 folgte die Mutter mit dem inzwischen geborenen sechsten Kind (dem einzigen Sohn der Familie) ihrem Mann. Zunächst arbeitete er in Bonn, dann in Berlin.

Ülker, die mit ihren Schwestern bei den Großeltern geblieben war, vermisste die Eltern. Sie wurde krank, sie kann sich noch heute gut an diese Zeit erinnern. 1976 holten die Eltern auch Ülker nach Deutschland. Sie bewohnten zunächst eine Einzimmer-Wohnung in Wedding, später 1,5 Zimmer in Neukölln. 1979 holten die Eltern noch ein weiteres Kind nach Deutschland, 1984 ging die gesamte Familie zurück in das Dorf in Anatolien, weil die Eltern nach 15 Jahren wieder mit der gesamten Familie zusammenleben wollten. Nach anfänglichen Schwierigkeiten konnten sich alle mit der neuen Situation arrangieren.

Ülker und ihre Geschwister besuchten Schulen in der Türkei, worauf die Eltern Wert legten. Nach ihrem Abitur bestand Ülker die Aufnahmeprüfung für das Studium an der Hacettepe Üniversitesi in Ankara. Sie wollte Deutsch auf Lehramt studieren.

Als Ülker einen Mann kennenlernte, der in Deutschland aufgewachsen war und in Bremen lebte, wurde ihr die Heirat mit ihm von dessen Bruder in den schönsten Farben ausgemalt, die sich später allerdings als Fehlfarben erweisen sollten. Doch Ülker wollte diesen Mann, überwand auch die Bedenken ihrer Eltern, die ihr das Studium und nicht die Ehe empfahlen, sie ging mit nach Bremen und heiratete. Dort kam sie in eine traditionell geprägte Familie, die Eltern ihres Mannes erlaubten ihr nicht die Aufnahme eines Studiums. Dann kam das gemeinsame Kind, ein Sohn, und Ülker kümmerte sich ausschließlich um das am Anfang kränkliche Kind. Nach ein paar Jahren wollte sie ihre Situation verändern. Sie bekam einen Kredit und eröffnete in Bremen ein Feinkost-Geschäft. Sie gewann viele und gute Kunden, es entwickelten sich Freundschaften, nun auch zu Deutschen.

Die Ehe scheiterte nach zwölf Jahren. Sie erklärte ihrem Mann und den Schwiegereltern, dass sie sich trennen werde, nahm für sich und den Sohn in Bremen eine eigene Wohnung und gab ihren Laden auf. Im selben Haus in Bremen wohnte über ihr eine alte Dame, die mit ihr Kontakt aufnahm und sie zum weiteren Deutschlernen ermunterte. »Sie gab mir Nachhilfe im Treppenhaus, wir trafen uns immer dort, nicht in unseren Wohnungen«, sagt Ülker und erinnert sich mit sichtbarer Freude an diese Begegnungen.

Die Zeit in Bremen aber war für Ülker zu Ende. Sie wollte andere Bedingungen und andere Lebensumstände, sie ging mit ihrem Sohn nach Berlin. Die Eltern kamen zu Besuch und halfen ihr bei der Wohnungssuche. Sie konnten sich gut an den Stadtteil erinnern, in dem sie früher gewohnt hatten. Es gab auch noch Kontakte aus der

Zeit. So bezog Ülker eine Wohnung in dem Stadtteil von Berlin, in dem sie heute noch lebt: Wedding. Ihr wurde vom Arbeitsamt eine Fortbildung in elektronischer Datenverarbeitung vermittelt. Danach bewarb sie sich bei einer Schule als Sekretärin. Ihre pädagogischen Kompetenzen wurden erkannt und sie wurde vom Schulleiter als Vorklassenleiterin beschäftigt. Gleichzeitig begann sie eine Ausbildung als berufsbegleitende Erzieherin, die sie 2005 abschloss. Diese Ausbildung und ihre bisherige Berufs- und Lebenserfahrung befähigten sie, als Projektkoordinatorin in einem Quartiersmanagement zu arbeiten. Sie war die Projektkoordinatorin des Lotsenprojektes »die Brücke«. »Die Brücke« ist ein Gemeinschaftsprojekt von kommunaler Verwaltung und Stadtteil-Bewohnern mit Migrationshintergrund. Es dient dem Einsatz und der Fortbildung von Mittlerpersonen (Lotsen) zur sozialen Prävention. Das Projekt bekam im Jahr 2007 einen Integrationspreis. Parallel leitete sie ein Kunstprojekt mit Kindern und betreute die sogenannten »Lücke«-Kinder in der Grundschule. Das Kunstprojekt wurde als Modellprojekt ausgezeichnet und von der Universität der Künste begleitet. Im Nachbarschaftshaus »Sprengelhaus« führte sie diverse Frauen- und Familienprojekte durch und war lange Zeit aktive Quartiersrätin in einem Quartiersmanagementgebiet. Später wurde sie Hort-Leiterin in einer Grundschule.

Gegenwärtig arbeitet sie in einer Neuköllner Groß-Kindertagesstätte als eine der Leiterinnen. Außerdem nahm sie an der ASH-Berlin ein berufsintegriertes Studium zur »Kindheitspädagogin« auf.

■ **Wie waren Ihre Erfahrungen mit Deutschen?**
Es gab schon Anfeindungen, auf der Straße, in der U-Bahn. Verbal und nicht körperlich. Einmal, als ich jemanden zur Rede stellen wollte, der mir einen Parkplatz mit der Bemerkung »der ist für Deutsche« streitig machen wollte, argumentierte ich und bat Umstehende um Unterstützung. Sie schwiegen und zogen sich zurück, senkten die Köpfe, als hätten sie nichts gesehen und gehört.

Ich halte aber das Diskriminierungsproblem eher für ein Milieu-Problem, die Menschen sind unterschiedlich sozialisiert. Bei denen, mit denen ich arbeite, gibt es solche Probleme nicht. Und ich habe eher positive Erfahrungen, die mich geprägt haben, wie die mit der alten Dame in Bremen, die mich vorurteilsfrei unterstützt hat.

Eine Besonderheit ist noch der Umgang mit den Behörden. Wenn du im System funktionierst, dann bist du gern gesehen. Aber wenn man auf staatliche Hilfen angewiesen ist, wird man schlecht behandelt. Besonders die Frauen bei den Behörden sind sehr übertrieben pflichtbewusst und streng, oft abweisend. Wenn ich einen Mann als Sachbearbeiter hatte, habe ich mehr Offenheit und Hilfsbereitschaft erfahren.

Wie haben Sie diese Erfahrungen verarbeitet?

Ich hatte immer das Gefühl, mehr leisten zu müssen als Deutsche, immer besser zu sein, mir keinen Fehler erlauben zu können. Ich kann das inzwischen gelassener sehen und muss mich keinem mehr beweisen. Es ist eine Frage der Bildung, des erlernten sozialen Umgangs miteinander. Das Leben miteinander ist ein aktiver Prozess, von beiden Seiten.

Können Sie sich vorstellen, wieder in der Türkei zu leben?

Ja, durchaus. Der Lebensstandard in der Türkei ist inzwischen gestiegen, damit auch die Lebensqualität. Aber ich kann mir in der Türkei ein Leben nur in den Großstädten vorstellen, das ländliche Leben ist mir insgesamt eher fremd geworden. Ich glaube, dass die demokratischen Prozesse in der Türkei noch ausbaufähig sind. In der demokratischen Türkei herrscht dem Gesetz nach "Meinungsfreiheit", aber daraus folgt noch nicht, dass jeder frei seine Meinung äußern kann.

Meine Familie hat eine besondere Geschichte und ethnische Zugehörigkeit. Es gibt viele ethnische Gruppen in der Türkei, die durch Sanktionen unterdrückt werden. Die Türkei ist die Wiege der ethnischen Kulturen. Das Leben mit der Vielfalt ist auch noch in der Türkei ein Lernprozess. Die Vielfalt auszuhalten, da fängt die Akzeptanz eigentlich an. Das muss auch noch in Deutschland gelernt werden.

Die Eigenschaften der Deutschen, wie ich sie hier empfunden habe, sind aber auch positiv: korrekt, genau, ehrlich, hilfsbereit. Das Deutsche ist inzwischen ein Teil von mir.

Michael Cullen, 73

Herkunftsland: USA

»Ich fühle mich als Berliner,
als Charlottenburger.«

Charlottenburger Häuser-Landschaft

Wir treffen uns an einem denkwürdigen Tag, an den mich aber Michael Cullen erst erinnern muss: Am 22. November 1963 (heute vor 48 Jahren) wurde John F. Kennedy in Dallas ermordet. Dieser Tag habe für ihn eine besondere Bedeutung gehabt, sagt Michael Cullen.

Er wurde am 9. Juni 1939 in New York (Bronx) geboren. Dort wuchs er als Kind einer jüdischen Familie auf, absolvierte die Schule und entschloss sich zum Studium der russischen Sprache. Nach zwei Sommern am Middlebury-College und nach Abschluss seines Studiums am Brooklyn-College wies ihn eine Professorin auf die Möglichkeit hin, in Europa für drei Monate praktisch zu arbeiten. Bei einem Telefongespräch wurde getestet, wie gut sein Russisch war. Ihm wurde eine Anstellung bei dem amerikanischen Sender »Radio Liberty« in München vermittelt, für 450 DM monatlich.

Mit einem »Studentendampfer« kam er 1962 nach Europa, reiste von Le Havre über Paris nach München. In München habe er fleißig Deutsch gelernt, wie er sagt, mit den ihm schon bekannten Methoden des Erlernens seiner ersten Fremdsprache Russisch. Er blieb sieben Monate. Das kulturelle Angebot, Musik und Theater hat er sehr genossen. 1963 war er wieder in den USA, ihm wurde ein Stipendium für die Columbia-University in New York City in Aussicht gestellt mit der Perspektive, dann an einem College im Bundesstaat Professor zu werden. Das Geld kam erst am Ende des Semesters, New York war pleite. Er bewarb sich auf eine Stelle als Englischlehrer in Deutschland und man schickte ihn zu einer Mittelschule in Hannover. Wenige Tage vor der Abreise nahm er an der Großdemonstration mit Martin Luther King in Washington DC teil, hörte dessen Worte »I have a dream« und war beeindruckt.

Hannover: »Das war nicht meine Welt, aber ich habe den Schülern Beatles-Songs beigebracht, das war sehr schön.« Es ergaben sich Kontakte mit dem Amerika-Haus, er hielt Vorträge über die USA, lernte viele Menschen kennen. Am 22. November 1963 war er im Kino in Hannover; die Vorstellung wurde nach der Meldung vom Mord an John F. Kennedy abgebrochen. Die halbherzigen Reaktionen der Kollegen in Hannover und die Stimmung allgemein verstärkten bei ihm die Neigung, seinen Aufenthalt in Hannover zu beenden; und: Man bot ihm eine Stelle in Berlin an.

Michael Cullen ging 1964 nach West-Berlin. Er hielt dort an der Volkshochschule auf Englisch Vorträge über die USA, organisierte für die GEW (»Gewerkschaft Erziehung und Wissenschaft«) eine Austauschlehrerkonferenz und bekam auf Vermittlung der Senatsverwaltung eine Austauschlehrerstelle für ein Jahr. So arbeitete er an der Bertha-von-Suttner-Schule in Reinickendorf und mietete nun eine große Wohnung in Wedding, die Miete betrug 70 DM. Er kaufte sich eine Isetta, einen Kabinenroller, die sogenannte »Asphaltblase«, sagt er, um beweglich zu sein.

In dieser Wohnung, einer alten Bäckerei, die ihm zum Wohnen allein zu groß war, richtete er eine Galerie ein, in der er mit Freunden Kunstausstellungen veranstaltete. Er organisierte Lesungen (zum Beispiel mit Günter Grass und W. H. Auden), unterstützt von Horst Kollat (damals Schulrat und »richtiger alter Sozi«, der ihm bei der Einrichtung behilflich war), zusammen mit Eric Bentley, Stipendiat der Ford-Foundation, den er von der Columbia-University kannte, richtete er einen Brecht-Abend aus. Unter anderen stellte er in seiner

Galerie aus: Gerd Winner, Peter Ackermann, Michael Schönholz und Mario Cravo.

1965 erhielt er den Einberufungsbefehl der US-Armee für einen zweijährigen Militärdienst. »Ich habe gezögert, aber die haben meine Mutter so bedrängt, mich heimzuholen.« Während dieser Zeit, in der er befürchten musste, nach Vietnam geschickt zu werden, begann er eine Ausbildung bei der Armee als »Kriegsgefangenen-Verhörer« in der Hoffnung oder Erwartung, nach Europa geschickt zu werden. »Aber ich sollte nach Vietnam. Ich musste ja als ausgebildeter Verhörer nicht damit rechnen, an der Front zu kämpfen. Ich stimmte zu.«

Aber dann machte man ihm den Vorwurf, während der Zeit in West-Berlin mehrmals im Ostteil der Stadt gewesen zu sein, ohne dass er dies auf seinen Fragebögen angegeben hätte. Ein Verfahren wurde eingeleitet, was ein Verlassen des Landes – auch in Richtung Vietnam – ausschloss. Das Verfahren zog sich hin, bis das Ende seiner Militärzeit so nahe war, dass er auch nach dem Abschluss der Untersuchungen mit einem Vietnam-Einsatz nicht mehr zu rechnen hatte. Während der Zeit des Verfahrens blieb er Angehöriger der Armee, verdiente sich aber in Baltimore Geld zunächst am Empfang und später als Stellvertreter eines Hoteldirektors mit einem sehr guten Gehalt. »Ich habe während dieser Zeit vielen von der Armee Jobs vermittelt.«

Im März 1967 wurde – mit Unterstützung des Senators Robert Kennedy – das Untersuchungsverfahren nach der Vorlage eines langen Fragenkatalogs und einem Verhör mittels Lügendetektor beendet. Michael Cullen wurde aus der Armee »ehrenhaft« entlassen und ging sofort wieder nach Berlin. Eine neue Galerie in der Giesebrechtstraße betrieb er nur für ein Jahr. Er begann ein Studium der Geschichte an der Freien Universität Berlin.

Im Mai 1968 entschloss er sich, in Berlin zu bleiben. Er fand einen Monat später die Wohnung in der Carmerstraße, in der er heute noch lebt.

Warum sind Sie nach Berlin zurückgekommen?

Ich hatte noch von meinem ersten Aufenthalt Freunde in Berlin und mochte die Atmosphäre in Amerika mit dem Vietnam-Krieg überhaupt nicht. Nach Kennedys Tod wurden unter Johnson noch mehr Soldaten nach Vietnam geschickt. Und ich träumte von schönen Tagen in Berlin. Ich wollte aber nicht mehr unbedingt Kunsthändler werden, ich wollte studieren, das klappte auch, und vielleicht eine diplomatische Karriere einschlagen.

Hatten Sie Probleme mit Deutschland?

Mein großes Problem war jahrelang, die Worte »wir« und »deutsch« in einem Satz zu sprechen. Ich fühle mich eher als Berliner, als Charlottenburger, nicht als Deutscher. Ich verteidige Europa als Idee jeden Tag.

Ist die Spannung zwischen »Judesein« und »Deutscher« geblieben?

Es ist so eine Art lodernde Flamme, manchmal sehr hell, manchmal wie ein aussterbendes Feuer. Es kommt und geht. Manchmal, wenn ich Filme über Auschwitz sehe, dann frage ich mich schon: Was machst du hier? Und wenn ich Nachrichten aus Amerika höre, dann bin ich sehr froh, in Deutschland zu sein, dann verzweifle ich so sehr, dass ich mich frage, warum ich überhaupt noch amerikanischer Staatsbürger bin.

Man schämt sich für Leute, die meinen, zu einem zu gehören. Ich ärgere mich mehr über jüdische Bankräuber und jüdische Verbrecher als über andere, die sich nicht benehmen. Wir sind alle manchmal gut und manchmal schlecht.

Hilft Bildung beim Zusammenleben von Menschen aus verschiedenen Herkunftsländern?

Die Intelligenz des Herzens ist so wichtig wie die Intelligenz des Gehirns. Wissen ist eine Art von Topf, aus dem man schöpfen kann. Es ist viel wichtiger, die Menschen zu verstehen und nicht jeden von vornherein als Übeltäter zu betrachten, nicht wegen ihrer Ungebildetheit auf Menschen herabzusehen. Wer nicht neugierig ist, der tut mir leid. Wer sich für Literatur, für Kunst und viele andere Sachen nicht interessiert, dem entgeht eine ganze Welt. Und mir tun die Mädchen leid, die wegen ihres »Migrationshintergrundes« nicht lernen dürfen. Und mir tun die Kulturen weh, die ihre Frauen als nicht existent betrachten, denn ihnen entgeht die Hälfte der Menschheit. Frauen können nicht weniger als Männer dafür tun, eher mehr, damit ein Land es besser hat. Das eine Beispiel hat man in arabischen Ländern, das andere in China.

Anmerkung:
Michael S. Cullen ist Bauhistoriker mit dem Schwerpunkt Denkmäler und Publizist. Er hat u. a. mit seiner 1971 verschickten Postkarte die Künstler Christo und Jeanne-Claude angeregt zu versuchen, den Reichstag zu verhüllen. Das Projekt wurde dann aber erst 1995 umgesetzt.

Silvera Padori, 56

Herkunftsland: Mazedonien (ehem. Jugoslawien)

»Liebe auf den ersten Blick«

Silvera Padori

Silvera Padori-Klenke trägt den Doppelnamen seit ihrer Heirat vor zwei Jahren. Sie ist am 25. August 1956 in Bitola in Mazedonien geboren, damals war ihr Land ein Teil von Jugoslawien. Sie erinnert sich gern an ihre Kindheit und Jugend im Elternhaus, an die Schule, die sie noch in Bitola mit dem Abitur abschloss. Zum Studium ging sie nach Skopje. Ihren Wunsch, Journalismus zu studieren, konnte sie sich nicht erfüllen und schrieb sich zunächst für Englisch ein. Ab 1977 gab es dann doch den Studiengang Journalismus und Politologie, sie wechselte und schloss 1981 mit dem Diplom ab.

Gleich nach dem Studium konnte sie in Skopje als Journalistin arbeiten, bei der Zeitung hatte sie bereits ein Volontariat absolviert. Während des Studiums schon hatte sie geheiratet, eine Tochter – »eine wunderbare Tochter« – kam zur Welt. Silvera blieb berufstätig, ihre Tochter besuchte einen Kindergarten. Als die Ehe 1985 scheiterte, blieb die Tochter weiterhin bei ihr.

Seit Titos Tod 1980 war das Leben unsicherer in Jugoslawien, dennoch war Silveras Arbeit als Journalistin bei einer staatlichen

Zeitung nicht gefährdet. Sie hatte sich inzwischen auf die Themen Energetik und Außenpolitik spezialisiert. 1991 wurde Mazedonien unabhängig, aber es kamen Probleme mit Griechenland auf, die bis heute andauern. Es gab Veränderungen in der Wirtschaft, Privatisierungen waren an der Tagesordnung, viele hatten Schwierigkeiten mit der neuen Zeit, mit der geforderten Unabhängigkeit. Es gab oft kein Geld oder nur sehr verzögert.

Für Silvera ergaben sich neue Perspektiven. Die Carl-Duisberg-Gesellschaft bot Journalisten an, für ein paar Monate in Deutschland zu arbeiten, um den Journalismus »im Westen« kennenzulernen. Zur Vorbereitung wurden Kurse zum Einblick in die deutsche Sprache, das politische System und den Journalismus in Deutschland angeboten. Die Vorbereitungskurse für einen Auslandsaufenthalt fanden neben der normalen Berufstätigkeit statt. Silvera bewarb sich und bestand den Test. 1998 kam sie mit fünf anderen Journalistinnen und Journalisten und einem Stipendium nach Deutschland, auch zwei Wochen nach Berlin. Sie lernten Zeitungen und andere Medien kennen, besuchten den Bundestag und den Bundesrat. Von ihrer Zeitung war sie in dieser Zeit freigestellt.

Wie war Ihr erster Eindruck von Deutschland?

Mir hat es sehr gefallen, besonders Berlin – das war Liebe auf den ersten Blick. Mein Deutsch war noch unzureichend, aber ich war sicher, dass ich in Berlin leben und arbeiten wollte. Berlin war noch eine Baustelle, im März/April 1998. Ich habe von da an alle meine Kraft gebündelt, um den Traum in die Wirklichkeit umzusetzen. Ich kam nach Mazedonien zurück und habe gesagt, dass ich in Berlin arbeiten möchte. Der Chefredakteur hat gesagt, wir brauchen dich hier, aber ich habe nicht locker gelassen.

Wie war der Anfang?

Zunächst habe ich 1999 für sechs Monate bei der »Deutschen Welle« in Köln als Gastredakteurin gearbeitet und habe verhandelt, und so konnte ich für ein politisches Magazin in Mazedonien schreiben. Dann habe ich mit einem Schreiben dieser Zeitschrift und unter Vorlage all meiner Papiere beim Bundespresseamt die Akkreditierung bekommen. Aber ich wollte ganz nach Deutschland. Ich ging noch einmal nach Mazedonien, habe mein Auto verkauft und bin mit diesem Geld nach Deutschland gegangen. Am 18. Oktober 2000 bin ich mit einem Koffer nach Berlin gefahren, ein Restaurantbesitzer aus Mazedonien hat mir geholfen, eine Unterkunft zu finden. Meine Tochter war in Skopje, aber sie war schon fertig mit der Kunstschule. Ich habe ihr gesagt, dass ich meinen Traum verwirklichen möchte; ich habe mir zunächst ein Jahr gegeben. Aber ich hatte meinen Korrespondentenvertrag, die Zeitung hat mir versichert, dass ich auch zurückkommen könnte.

Der Anfang war schwer, aber beim Bundespresseamt hat man mir sehr geholfen. Ich bekam ein Visum, eine »Aufenthaltsbewilligung«, für ein Jahr. So konnte ich hier arbeiten, auch als Korrespondentin für die »Deutsche Welle« aus Berlin für Mazedonien. Mein größtes Problem war die deutsche Sprache. Dann habe ich mir selbst Beiträge übersetzt, Kollegen haben mir sehr geholfen. Ich hatte keine Zeit für die Sprachkurse, die immer vormittags und am frühen Nachmittag stattfanden. Da habe ich gearbeitet. So habe ich autodidaktisch gelernt, manches auch falsch. Erst später habe ich einen Deutschkurs beim Goethe-Institut gemacht. Jedes Jahr im Dezember musste ich dann die Akkreditierung und die Aufenthaltsbewilligung verlängern lassen.

Wollten Sie irgendwann zurück nach Mazedonien?
Ich wollte in Berlin bleiben. Von April bis August 2001 gab es zwischen Albanien und Mazedonien noch einmal einen »Blitzkrieg«. Die Zeitung, für die ich gearbeitet habe, war tot. Es gab finanzielle Probleme. Aber ich konnte für eine andere Tageszeitung in Mazedonien als freie Journalistin arbeiten, auch weiterhin für die »Deutsche Welle« für das mazedonische Programm.

Ich war nie von Unterstützungen abhängig, ich habe meinen Unterhalt immer durch eigene Arbeit verdient.

Wie war Ihr Kontakt zu Deutschen?
Mit deutschen Kollegen hatte ich eigentlich immer nur Kontakt während der Arbeit. Als ich ab 2006 für »Radio Multikulti« beim

rbb arbeitete, ergaben sich mehr Kontakte, vor allem mit anderen Kollegen aus dem Ausland, aber auch mit Deutschen oder »neuen« Deutschen. Leider wurde das Programm 2008 eingestellt. Auf einer Pressekonferenz lernte ich meinen jetzigen Mann kennen, wir haben vor zwei Jahren geheiratet. Ich habe inzwischen eine dreijährige Aufenthaltserlaubnis, aber noch meinen mazedonischen Pass.

Sehen Sie Unterschiede zwischen sich und Deutschen?

Es gibt eine kulturelle Differenz, vor allem in der Pflege einer Beziehung. Ich bin eine traditionelle Frau, möchte auch so behandelt werden. Das ist wohl meine Natur als »balkanische« Frau.

Manche Deutsche – Männer wie Frauen – sind reservierter, das ist wohl die deutsche Mentalität. Sie machen sich selbst das Leben schwer, aber auch das der Ausländer. Sie wollen überall korrekt sein und verstecken ihre Emotionalität.

Was fällt Ihnen sonst in Deutschland auf?

Nach meiner Beobachtung sind Deutsche einsam. Sie haben eine sehr reduzierte Kommunikation. Dabei sind die Deutschen groß und klug genug, um offener zu sein. Sie sollten die Kontakte nicht so scheuen. Sie sind stark, aber zu wenig selbstbewusst. Und wenn sie Ausländer haben wollen, dann sollen sie es in der Praxis einfacher machen, offener sein, weniger bürokratische Regeln und keine Angst haben, dass ihnen Ausländer die Arbeit wegnehmen. Die Deutschen haben Angst vor Unordnung, dabei ist Ordnung nicht alles, ein bisschen Chaos fördert das Vorangehen.

David Conlin, 69

Herkunftsland: Großbritannien

»Wenn ich zwei Staatsbürgerschaften haben könnte, wäre ich glücklich«

David Conlin im Einsatz

»Das Wichtigste, was ich bei der Army hatte, war das Fernglas«, sagt David Conlin und lacht, wohl auch über meinen erstaunten Blick. »Ich konnte Vögel beobachten, wo ich auch war. Und die Natur hat uns viel beizubringen.« Ich wusste, dass er verantwortliches Mitglied von CABS ist, dem »Komitee gegen den Vogelmord«, agierend vor allem auf Malta und Zypern. »Nein«, sagt er auf meine Frage, »das ist kein neues Interesse, das begann schon im Internat.«

David Conlin wurde 1943 als erstes von neun Kindern in Newtown, Wales, UK, geboren, eigentlich war das schon eine Familie »mit Migrationshintergrund«, denn die Mutter und die Familie des Vaters stammten aus »Südirland«, der heutigen Republik. »Wir wohnten in einer kleinen Stadt mit einer ländlichen Umgebung. Mein Großvater hat mit uns viele Ausflüge in die Natur gemacht, und ich kannte schon als Kind den Unterschied zwischen einem Kolkraben und einer Krähe.« Nach der Grundschule in Newtown kam der Zwölfjährige in ein katholisches Internat nach Hereford in England, an der walisischen Grenze. Dort empfing ihn der »Hausvater« mit einer Dohle auf der Schulter, und es begann eine intensive Schulzeit einschließlich vieler Vogelbeobachtungsstunden, vor allem an den Wochenenden.

Die zweijährige Offiziersschule der britischen Armee nach dem Schulabschluss sollte ihm einen Berufsweg eröffnen, der ihn unabhängig machte von den bescheidenen Gegebenheiten im Elternhaus; der Vater arbeitete bei der Post, für neun Kinder war zu sorgen.

Die folgenden zehn Jahre als britischer Offizier (ein Fernglas gehörte zur Ausstattung eines Offiziers) in Malawi, auf Zypern, in Nord- und Mittelamerika, in Berlin und West-Deutschland und im United Kingdom waren voller Herausforderungen, neuer Eindrücke – vor allem in Afrika, wo neben sonderbaren Ritualen der Geistergläubigkeit auch seltene Vögel zu beobachten waren.

Er berichtet von einem Erlebnis in Malawi (dem früheren Njassaland), wo er als junger Führungsoffizier stationiert war: »Ich saß abends auf der Terrasse und bemerkte einen Schatten am Ende der Terrasse. Ich ließ noch ein Bier holen und stellte die Flasche hin. Da kam ein junger malawischer Soldat zu mir heran und berichtete, dass er ständig Magenschmerzen habe, einer seiner Offiziere sei ein ›Hexenmeister‹. Der hatte einen Fluch auf ihn gelegt. Ich habe das am nächsten Tag mit dem Kompaniechef besprochen, und wir haben einen unserer Soldaten mit ihm zusammengebracht, der den Fluch übernehmen sollte, und das wurde auch förmlich gemacht. Danach ging es dem malawischen Soldaten sofort besser. Auf diese Weise habe ich viel von anderen Gebräuchen gelernt. Man muss nur daran glauben.«

Danach folgten Dienstjahre als Kommandeur der Royal Irish Rangers in West-Deutschland, Kanada, England und Belize, unterbrochen von einem 15-monatigen Studium an der Führungsakademie der britischen Armee in Camberley. 1980 begann sein Dienst in Berlin.

Er war inzwischen verheiratet und hatte drei Kinder, und es hatte sich das Bedürfnis entwickelt, sesshafter zu werden und die vielen Auslandseinsätze zu beenden.

1982 sollte er ein vierjähriges Kommando als Bataillonschef in Nordirland übernehmen. David Conlin wollte in Berlin bleiben, obwohl er sich »als Ire« fühlt, »nicht als Engländer«, und er wollte nicht wieder als »Offizier mit Familie« in einem bewachten Haus leben. Er schied aus dem Militärdienst aus, und es ergab sich die Möglichkeit eines diplomatischen Dienstes im britischen Sektor von Berlin, der für ihn, inzwischen Oberstleutnant, 1982 begann.

Ab 1991, nach der durch den Mauerfall veränderten politischen und militärischen Lage, arbeitete er im Aus- und Weiterbildungszentrum einer Wohnungsbaugesellschaft.

Seit 2003 ist er in »Frührente«, aber das bedeutet für ihn nicht, einen »verdienten Ruhestand« zu pflegen.

Sein nie vergessenes Engagement für Natur- und Umweltschutz, vor allem für die bedrohte Vogelwelt, nahm nun konkrete Formen an, seine Kampagne-Website »Proact Campaigns« entstand. Er übersetzte Beiträge, vor allem für Natur- und Vogelschutz-Organisationen.

Er hatte durch seine Arbeit viele Länder kennengelernt, aber Berlin sollte sein Zuhause werden – und bleiben. Von Berlin aus sind inzwischen alle Kontakte zu den »Operationsfeldern« von CABS, der er seit 2007 als leitendes Mitglied angehört, auch dank der elektronischen Medien genauso gut zu erreichen wie aus anderen Ländern. Und er hat hier viele Kontakte geknüpft, ein zweites und ein drittes Mal geheiratet, seine drei Kinder und vier Enkelkinder leben in Berlin. Er hat sich auch parteipolitisch engagiert.

Ein Kontakt zu Jonathan Franzen, der in seinem Buch »Freiheit« auch über bedrohte Vögel und Vogelschutz schreibt, ergab sich bei einem Besuch Franzens auf Zypern, wo er einen Komitee-Einsatz begleitete, und wird auch weiterhin gepflegt. »Jonathan Franzen ist seit mehr als zehn Jahren an Vögeln interessiert, beobachtet sie im Central-Park. Er hat Kontakt zu unserer Gesellschaft aufgenommen.« Inzwischen wird über die Arbeit des Komitees ein Film vorbereitet zum Thema »Ist Aktivismus notwendig, um politischen Druck zu erzeugen?«, den Jonathan Franzen kommentieren wird.

David Conlins Lebensweg ist ein Beispiel dafür, wie jemand, der viele Orte der Welt kennengelernt hat, ein Zuhause sucht, und das liegt in seinem Fall nicht im Geburtsland.

Nein, er habe nach wie vor keinen deutschen Pass. Seine Kinder hätten beide Pässe, weil sie hier geboren sind. Er sei Brite von Geburt, fühle sich aber inzwischen als Deutscher. Hier lebe er und hier zahle er Steuern, er überlege aber dennoch manchmal, durch einen deutschen Pass die Wahlberechtigung zu erhalten. »Ich kann zwar als EU-Bürger den Bürgermeister von Charlottenburg wählen und auch als Bürgermeister gewählt werden, aber nicht die deutsche Regierung wählen. Das ist in anderen Ländern anders, zum Beispiel in Dänemark.«

Warum sind Sie in Berlin geblieben?
Die Engländer wollen ihre kleine heile Insel haben. Aber wir waren dort auch als Iren schon Migranten. Nach meinen Erfahrungen im Internat wollte ich mit meinen Kindern einen festen Ort haben. Und bei meinen Einsätzen im Ausland waren die Kinder in Afrika und in London dabei. Ich konnte die deutsche Sprache inzwischen und fand hier einen Lebensmittelpunkt. Deutsch habe ich bei meiner ersten Frau gelernt. Mein erstes deutsches Buch, das ich gelesen habe, war »Deutschstunde« von Siegfried Lenz.

Und hier in Berlin war so viel los, auch zu Zeiten der Mauer. Ich fühlte mich so, als ob ich bei einem Garderegiment in London wäre.

Die ersten Erfahrungen mit Deutschen hatte ich schon früher. 1947, da war ich vier Jahre, wohnten wir in Wales und ein paar Kilometer entfernt war ein Gefangenenlager. Da waren auch viele Deutsche drin, junge Leute. Viele von ihnen waren Katholiken. Wir waren eine kleine katholische Insel mitten in Wales. Keine Waliser, Ausländer. 1947 hatten also die Gefangenen Freigang, da sind viele am Sonntag zur Messe gekommen. Meine Mutter hat sie anschließend zum Frühstück eingeladen. Sie hat die Soldaten gefragt, ob sie schon ihrer Mutter geschrieben hätten. Weil sie das vom Lager nicht unkontrolliert durften, bot die Mutter ihnen an, bei ihr Briefe an die Mütter zu schreiben, die sie abschickte, und auch die Antworten kamen zu ihr.

Später hat uns einer der Deutschen, der Priester im Saarland wurde, eingeladen. Diese Verbindung hat gehalten. Er hat uns alle neun Kinder eingeladen. So war Deutschland schon im Hintergrund ein fester Punkt.

Wie sehen Sie Berlin heute?
Das alte West-Berlin war internationaler, es gab keinen Rassismus. Für die Leute aus Ost-Berlin und aus der ehemaligen DDR waren die vielen Ausländer eine Bedrohung. Aber nachdem sie sich an die Fremden gewöhnt haben, kommt nun so langsam dieses Gefühl wieder, befürchte ich. Inzwischen haben wir von unserem Komitee aus auch Kontakt zu den sächsischen Ornithologen. Vögel sind international. Auch alle Krähen sind immer über die Mauer geflogen.

Wie waren Ihre eigenen Erfahrungen?
Anfeindungen hatte ich nur verbal. Zum Beispiel in der Kneipe. Wenn du da eine andere Position als die Deutschen beziehst, wird schon mal gesagt: Du hast kein Recht als Ausländer, dazu etwas zu sagen. Das trifft mich doch immer noch.

Hat sich in letzter Zeit etwas verändert?
Im Grunde verkehren wir mit Leuten, denen wir vertrauen. Und letztendlich ist alles zum großen Teil eine Frage der Bildung. Mit diesem Buch über die Abschaffung der Deutschen hat dieser Autor den Sprachlosen Argumente gegeben. Er kann denken, was er will, aber er soll das für sich behalten. Aber die Leute, die nur am Stammtisch sitzen und reden und zu Hause ganz friedlich sind, denen hat er Munition geliefert. Die Politik kriegt im Moment ihre eigene Antwort mit der Piratenpartei. Die haben ja kein Programm, aber sie machen etwas anders als die Parteien, von denen sich schon viele distanziert haben. Aber wir haben inzwischen zu viele, zu junge Berufspolitiker, die im Grunde das Leben nur aus der Theorie kennen, ohne Erfahrung im Leben und im Beruf. Sie kommen direkt vom Studium in die Politik, haben tolle politische Ideen, aber die haben nicht ihren Finger auf dem Puls, sie wissen nichts von der Realität. So sollten auch zum Beispiel die Leute den Bundespräsidenten direkt wählen. Alle haben doch bemerkt, was da lief. Herr Wulff war der einzige direkte Konkurrent für Merkel. Denkt die Politik, die Leute wissen das nicht? Ich wundere mich, dass dafür nicht mehr Leute auf die Straße gehen. Gut, ich könnte ihn nicht direkt wählen, aber was die Politik angeht, fühle ich mich als Deutscher. Was hier passiert, betrifft mich direkt. Und ich will hier bleiben.

Haben Sie Ideen für eine »bessere« Politik?

Bei dem, was die Leute in Deutschland sagen, spielen die kleinen Dinge eine große Rolle. Zum Beispiel einem Politiker hier in Berlin, der kaum im Amt war, noch eine große Entschädigung zu zahlen, das versteht die Bevölkerung nicht. Sie wissen auch, dass ein Betrag von 50 000 Euro nichts bringt, wenn man ihn auf die Bevölkerung verteilt, aber wenn Politiker überlegt hätten, was dieser Betrag für den Einzelnen bedeutet, dann hätten sie anders entscheiden müssen. Das hätte eine Signalwirkung, und die Leute würden denken: Die politische Klasse hat an uns gedacht. Man muss die Leute durch Kleinigkeiten motivieren.

Aber eine große Hürde für Ausländer ist die Bürokratie. Der Unterschied zwischen Deutschland und anderen Ländern ist: Alles was nicht ausdrücklich erlaubt ist, ist in Deutschland verboten, in Großbritannien zum Beispiel sagt man: Was nicht ausdrücklich verboten ist, ist erlaubt.

Als ich Stabsoffizier war, habe ich erfahren, dass man von oben in der Armee duzt, aber nicht von unten. Aber mein General hat mir beigebracht, wenn ich Anordnungen zu treffen habe, muss man immer an den einzelnen Menschen denken, den die eigene Entscheidung betrifft. Aber dieses Gefühl ist bei den Politikern nicht da – oder es wird nicht vermittelt.

Haben sich die Deutschen an Europa gewöhnt?

Eigentlich ist Deutschland bescheiden, was die wirtschaftliche Macht in Europa angeht. Aber es entwickelt sich trotzdem eine Eitelkeit bei den Politikern, die gar nicht mehr wissen, wohin, wenn kein Auto für sie dasteht. Und Deutschland ist Weltmeister dabei, in Fettnäpfchen zu treten.

Europa ist ein Gefühl, wie der tschechische Außenminister Schwarzenberg sagte, das ist auch so für mich. Es gibt ja noch einzelne Länder in Europa. Und die Briten sind auch wichtig für Europa, obwohl sie sich im Moment nicht so verhalten. Und ich würde sofort die deutsche Staatsangehörigkeit annehmen, wenn ich die britische behalten könnte. Wenn ich zwei Staatsbürgerschaften haben könnte, wäre ich glücklich.

Olivera A., 59

Herkunftsland: Serbien

»Ohne Sprache ist es wie ohne Augen«

Olivera A. träumt von einem Besuch in Kanada

Olivera A. hatte in den zwanzig Jahren ihres Aufenthaltes in Berlin nie die Zeit, Sprachkurse zu besuchen. Sie lernte die Sprache bei der Arbeit und indem sie las, wenn sich ihr Ruhe und Gelegenheit boten, sie traf sich mit anderen, auch deutschen Bekannten ihrer serbischen Freundin, die schon länger in Berlin lebte. Nein, sie habe noch keinen deutschen Pass, weil sie die Bedingungen, gute Sprache und Kenntnis über Deutschland, nicht vorweisen könne, sagt sie.

Olivera A. wurde 1953 in einer Kleinstadt in Serbien (damals Jugoslawien), 100 Kilometer von Belgrad entfernt, geboren. Der Vater war Fabrikarbeiter, die Mutter Hausfrau. Sie hat vier Schwestern und einen Bruder. Die Mutter starb früh, so dass die 14 Jahre ältere Schwester ihre jüngeren Geschwister an Mutterstelle versorgte. Nach dem Abschluss der Grundschule lernte sie das Friseurhandwerk, besuchte drei Jahre die Berufsschule. Sie hat in diesem Beruf nur drei Jahre gearbeitet, dann folgten 20 Jahre Arbeit als Kontrolleurin in einer Fabrik. Sie hatte inzwischen geheiratet, bekam eine Tochter. »Aber mein Mann war ein schlechter Mensch. Er trank, hat das Kind geschlagen, hat die Familie kaputt gemacht. Er hat in Sarajewo Architektur studiert, wurde aber nicht fertig. Ich war mit meiner Tochter in unserer Kleinstadt geblieben, und immer, wenn er nach Hause kam, wurde es schlimmer. Meine Familie hat mich darin unterstützt, den Mann zu verlassen.«

Neben den privaten Schwierigkeiten musste auch mit den zunehmenden Auseinandersetzungen im zerfallenden Jugoslawien umgegangen werden. Es gab Kämpfe, auch in ihrer Kleinstadt, die Regierungen wechselten, Slowenien und Kroatien erklärten 1991 ihre Unabhängigkeit, die serbische Regierung wehrte sich. Olivera und ihre Familie erlebten kriegerische Zerstörungen, gegenseitige Anfeindungen der vielen, bisher in Jugoslawien vereinten Nationalitäten, den Verlust emotionaler wie auch materieller Sicherheit. 1992 schloss die Fabrik, in der Olivera arbeitete. Die Scheidung, Unsicherheit und Angst vor neuen Kämpfen machten ihr das Leben dort schwer.

Sie weint und schweigt eine Weile.

Eine Freundin, die schon länger in Berlin lebte, vermittelte ihr eine Arbeit als Babysitterin, und Olivera fuhr nach Berlin, um durch einen nur als vorübergehend geplanten Aufenthalt Ruhe zu gewinnen. Ihre Tochter war in Serbien bei der großen Schwester geblieben, sie studierte Sprachen (Englisch und Französisch) in Belgrad. Sie lebt heute mit ihrem Mann und einem Kind in Kanada.

Nach der ersten Zeit in Berlin fuhr Olivera in den 1990er Jahren mehrmals in ihre Heimatstadt, vergewisserte sich, dass es ihrer Tochter dort gut ging, kehrte aber immer wieder nach Berlin zurück. Hier hatte sie inzwischen Freunde gewonnen und eine zufriedenstellende Arbeit in einem Sportcenter gefunden. Sie lernte einen Mann kennen, der auch aus Serbien stammt, schon lange in Berlin lebte und als Ökonom in einem Institut arbeitete. Er hatte aus einer ersten Ehe zwei Kinder, Olivera glaubte daran, das frühere Erfahrungen eine gute Basis für eine neue Ehe wären, die besser werden sollte.

»Doch 2007 ging er in Frührente, wollte nach Serbien zurück. Ich sollte mitkommen. Aber ich konnte nicht. Zu sehr waren mir die Erlebnisse und Erfahrungen dort noch in Erinnerung. Ich sah das nicht als Alternative. Da ging er allein zurück und nahm den größten Teil der Einrichtung mit. Ich konnte nicht mitgehen. Alles hier ist besser als in Serbien.«

Doch ihre Firma, das Sportcenter, schloss 2008, sie hatte keine Arbeit mehr. Sie lebt nun von ALG II (Hartz IV), ist in ärztlicher Behandlung und kann aufgrund ihres gesundheitlichen Zustandes in diesem Jahr Erwerbsunfähigkeitsrente beantragen.

»Ja, es ist wenig Geld, aber ich brauche nicht viel. Und manchmal laden mich Freunde ein. Deutsche, aber auch serbische und kroatische. Ich bin noch nicht geschieden, aber ein Aufnehmen der Ehe ist keine Perspektive.«

Manchmal denke sie an ihre Heimat, in der sie nicht wieder leben möchte, obwohl »der serbische Mensch ganz lieb und kontaktfreudig ist. Serbien ist eine liebe Nation, hat ein großes Herz.«

Die Deutschen seien korrekt, aber nicht so herzlich, sie sind distanzierter. Trotzdem bedauere sie ihre Entscheidung nicht. Sie würde anderen aber, die hierher kommen oder überhaupt ins Ausland gehen, raten, gründlich die neue Sprache zu lernen, denn, so sagt sie: »Ohne Sprache ist es wie ohne Augen.«

▨ **Wie erleben Sie die Deutschen?**
Die Deutschen sind korrekt, nett, haben Disziplin. Ich wohne in Neukölln. In der letzten Zeit machen die Ausländer alles kaputt, vor allem die Türken und die, die nicht arbeiten. Es gibt noch keine Kommunikation mit den türkischen Nachbarn. Nicht nur die Kinder, auch die Eltern sind schon aggressiv. Doch ich kann da nicht weg, weil ich in Neukölln eine billige Wohnung habe.

Nach einigem Nachdenken fügt sie hinzu:»Ich glaube, ich bleibe in meiner Türkei«, und lächelt, ein wenig resignierend.

▨ **Bedauern Sie Ihre Wahl, in Deutschland zu leben?**
Nein, überhaupt nicht. Hier funktioniert alles, in Serbien war zu viel Zerstörung. Aber ich habe zu wenig an mich gedacht, zu wenig mein Ich gepflegt. Mein zweiter Ehemann zum Beispiel hat mich gehindert, Deutsch zu lernen. Weil er dachte, ich wollte damit nur einen deutschen Mann bekommen.

Ich habe mich so an Deutschland gewöhnt, dass ich nicht weg will. Ich möchte hier meine Ruhe haben, mit meinen Freunden hier leben. Und einmal möchte ich meine Tochter in Kanada besuchen, um meine Enkelin Lara Maria zu sehen.

Akram Khalil, 62

Herkunftsland: Libanon

*»Ich wollte mich nie arbeitslos melden,
wollte immer mein Geld selbst verdienen.«*

Der Molecule Man auf der Spree – ein Symbol der Vereinigung

Wenn er heute seine Familie in Sayda (Sidon) besuchen will, dann muss er auf dem Weg von der Innenstadt zu seinem am Rande der Stadt vor einem Flüchtlingslager gelegenen Elternhaus einen »Sicherheitskorridor« passieren, muss sich ausweisen. Vor ein paar Jahren ist er mit seiner Frau und Freunden durch das fast grenzenlose Europa gefahren. »Welch ein Unterschied«, sagt er.

Akram Khalil wurde 1949 in Sayda im Libanon geboren. Er war das sechste von insgesamt elf Kindern der Familie. Die Eltern, Palästinenser, waren 1948 nach der »Ausrufung des unabhängigen jüdischen Staates« von Akko im neuen Staat Israel in den Libanon geflohen. Sie siedelten sich in Sayda an, der Vater begann mit dem Hausbau. Er war Bauarbeiter. Die Jungen der Familie halfen schon während ihrer Schulzeit nachmittags dem Vater bei seiner Arbeit als Fliesenleger und trugen somit zur Ernährung der Familie bei. »Mädchen zählten weniger, viele sehen das heute noch so, die Modernisierung schreitet nur langsam voran«, antwortet Akram auf meine

Frage, was denn die Mädchen taten. »Sie blieben bei der Mutter, bis sie selber heirateten.«

1968 starb der Vater. Der ältere Bruder verließ Sayda und arbeitete in arabischen Staaten, zunächst in Syrien und im Irak, dann in Abu Dhabi, unterstützte von dort seine Mutter und die Geschwister finanziell, wie das von Söhnen erwartet wird. Auch Akram überlegte, wohin er denn gehen könne, um Geld zu verdienen. Die Arbeitsmöglichkeiten für ihn waren im Libanon gering, obwohl auch Kinder schon arbeiteten, wenn sie die Schule mit elf oder zwölf Jahren verließen, wie auch Akram. Er wollte aber nun, mit 19 Jahren, nach Deutschland. Die palästinensischen Flüchtlinge bekamen einen libanesischen Pass mit einem Verweis auf ihren Flüchtlingsstatus. Diese Bevölkerungsgruppe hatte in den 1960er Jahren nur die Möglichkeit, für 250 Mark ein Flugticket nach Schönefeld in der DDR zu kaufen. Der Rückflug war gleich dabei. Das Geld für den Flug legte ihm die Großmutter aus (er zahlte es ihr später zurück). Ein Freund hatte einen Cousin in Berlin, und sie machten sich zu mehreren auf die Reise. In Schönefeld sagten sie, sie wollten West-Berlin besuchen, und wurden ohne Probleme auf den Transitbus verwiesen. So kamen sie im Westen von Berlin an. Als sie das Haus erreichten, in dem der Cousin wohnte, fiel ihnen auf, dass die Tür verschlossen war. Das kannten sie nicht. So sind sie zunächst nur durch Berlin gelaufen und fanden eine Pension für die erste Nacht. »Unser erster deutscher Satz war: Haben Sie Arbeit?«

Für eineinhalb Jahre gestaltete sich die Wohnungs- und Arbeitssuche für Akram zu einer kleinen Odyssee. Er arbeitete in einem Restaurant, wo er sich beim Terrassenkehren wunderte (und freute), dass man für eine solche Arbeit Geld bekam. Über eine Leiharbeits-Firma fand er dann eine Stelle auf dem Bau, und er wohnte während dieser Zeit in verschiedenen Sammelwohnungen (»wie heute die Roma«), in Kellern mit anderen, manchmal in einer Pension im Mehrbettzimmer.

1970 verließ er Berlin wieder und kehrte nach Sayda zurück. Er überlegte zunächst, auch in den arabischen Staaten zu arbeiten wie sein älterer Bruder. Doch er hatte durch seine Arbeit in Berlin regelmäßig Geld an seine Mutter geschickt, die einen Teil davon für ihn zurückgelegt hatte. Damit machte er sich als Fliesenleger (diese

Arbeit hatte er schon vom Vater gelernt) in Sayda selbstständig. Er bekam den Auftrag, eine ganze Schule mit Fliesen auszustatten. »Da war ich dann mit 21 Jahren Unternehmer«, sagt er lächelnd in Erinnerung daran.

Seine Einkünfte waren nicht so, wie er es erwartet hatte. So ging er ein Jahr später nach Deutschland zurück. Er flog wieder nach Schönefeld. Dieses Mal aber nahm er den Bus Richtung Ost-Berlin, weil er gehört hatte, dass die westliche Polizei weniger großzügig mit Einreisenden umging. Vom Bahnhof Friedrichstraße fuhr er mit der S-Bahn nach West-Berlin. »Ich wurde verpfiffen und kam dort in Abschiebehaft.« Als ihm ein Rechtsanwalt riet, sich als im Libanon verfolgter Palästinenser um Asyl zu bewerben, tat er das und wurde von Berlin nach Zirndorf bei Fürth in Bayern geschickt. Als Asylbewerber wurde ihm eine »Duldung« zuerkannt und er durfte arbeiten. Er fand Arbeit bei der AEG in Fürth, stand ein paar Monate am Band. »Ich kam mir vor wie in dem Chaplin-Film: immer die gleichen monotonen Handbewegungen.« Er wollte wieder als Fliesenleger arbeiten.

Das Arbeitsamt vermittelte ihm eine Stelle als Fliesenleger bei einer Stuttgarter Firma in Villingen im Schwarzwald. Dort arbeitete er vier Jahre, machte seinen Führerschein, kaufte sich sein erstes Auto, schickte regelmäßig Geld an seine Mutter. Jedes Jahr zu Weihnachten fuhr er zu Freunden nach Berlin. 1975 entließ ihn seine Firma in Villingen; die damalige Rezession brachte Entlassungen in vielen Firmen mit sich. Er meldete sich nicht arbeitslos, wie er es hätte tun können, er wollte sein Geld selbst verdienen. So ging er wieder nach Berlin. Dort wohnte er bei Freunden, arbeitete in einer Bäckerei und wurde Fliesenleger »auf Probe«, bis ihm bei der polizeilichen Anmeldung mitgeteilt wurde, dass er nicht in Berlin bleiben könne, weil sein Aufenthaltsstatus als Asylbewerber auf Baden-Württemberg beschränkt war. So musste er wieder nach Villingen zurückgehen, arbeitete im Vertrieb einer Blindenwerkstatt, dann wieder – in Triberg – als Fliesenleger. Dort fand er auch erstmals wieder Kollegen, mit denen er arabisch sprechen konnte.

Im Mai 1975 hatte er aber in Berlin eine Frau kennengelernt, die ihn dann auch in Villingen besuchte. Sie wollten heiraten. Dazu brauchte er eine Geburtsurkunde und eine sogenannte Unbedenklichkeitsbescheinigung, die nachweisen sollte, dass er nicht anderweitig verheiratet war. Seine Mutter besorgte ihm die Papiere. Das Asylverfahren war inzwischen gestoppt worden. So konnte er im März 1976 nach Berlin zurückkehren. Im Oktober desselben Jahres heiratete er die Berlinerin Roswitha. Er hatte, auch durch Unterstützung seiner Frau und deren Familie, eine Arbeit als Fliesenleger gefunden. Das Paar bezog eine eigene Wohnung, ihnen wurde ein Sohn geboren. Akrams Aufenthaltserlaubnis wurde jeweils um ein Jahr verlängert. 1978 beantragte er die Einbürgerung, die, nach einem Interview und Prüfung aller Unterlagen, 1979 erfolgte. Er war nun Deutscher.

Sein Sohn besuchte die Schule bis zum Abitur, absolvierte danach seine Bundeswehrzeit, studierte Medizin und arbeitet heute als Arzt in einem Berliner Krankenhaus, ist inzwischen verheiratet und Akram und Roswitha sind vor Kurzem Großeltern geworden.

Wie verhielten sich die Deutschen im Umgang mit Ihnen?
Mich hat kein Deutscher diskriminiert. Sie waren immer sehr angenehm. Ich habe gerade in Villingen viel mit Deutschen gearbeitet. Dadurch sprach ich auch immer besser Deutsch. Und mein Handwerk konnte ich auch immer besser machen. Erst nach der Maueröffnung, als wir in unserer Firma neue ostdeutsche Mitarbeiter bekamen, veränderte sich die Situation. Es gab Anfeindungen, manchmal als Bedrohungen. Es kam wieder ein bisschen Rassismus auf. Einer bezeichnete mich zum Beispiel als »Arschloch aus der Wüste«, als ich ihm, der neu war in unserem Beruf, Hinweise fürs Arbeiten gab und für den Umgang mit den Verfahren und den Materialien. Diese Stimmung legte sich mit der Zeit, und ich redete auch später noch mit ihm.

1994 habe ich mich als Fliesenleger selbstständig gemacht, bin wohl der einzige Fliesenleger aus dem Libanon in Berlin.

Dann gab es noch einen Vorfall: Ich wollte mir eine Satellitenschüssel montieren lassen, weil mein Bruder als Journalist im Libanon Fernsehsendungen machte, die ich sehen wollte, und weil ich meine Muttersprache wieder hören wollte. Eine Nachbarin schimpfte und sagte, ich solle doch in den Wedding gehen. *(Die Familie wohnt seit Langem in Zehlendorf, in einer Eigentumswohnung in einem gepflegten Wohnblock.)* Mit der Nachbarin habe ich auch gesprochen, und das Verhältnis hat sich wieder entspannt.

Akram Khalils Frau Roswitha, die manchmal während unseres Gesprächs hilfreich bei der Erinnerung an Lebensdaten eingreift, sagt: »Das ist auch manchmal Angst, vor dem Fremden. Das gibt es überall. Aber als ich meinen Mann zum ersten Mal in den Libanon begleitete, waren dort alle sehr freundlich zu mir, die Familie kümmerte sich um mich. Dabei war ich ja auch die Ausländerin.«

Wie sehen Sie heute den Libanon?
Damals konnte mein Vater noch ein Grundstück kaufen, heute können das Palästinenser nicht mehr. Aber trotzdem helfen sich die Leute gegenseitig. Doch es gibt auch heute noch im Libanon Berufe, die für Palästinenser ausgeschlossen sind. Sie dürfen nicht als Arzt, nicht als Anwalt, nicht als Lehrer, nicht bei der Polizei arbeiten. Und die Palästinenser werden nicht eingebürgert, obwohl sie ihr Land, wo sie herkommen, schon längst vergessen haben. Ich habe zum Beispiel als junger Mensch nicht wahrgenommen, dass ich Palästinenser bin. Erst später. Als ich einmal mit meiner Frau und meinem Sohn nach Israel gefahren bin, um einen Cousin meines Vaters in Akko zu besuchen, wurde ich von der Polizei oder der Staatssicherheit nach meiner Familie ausgefragt. Sie wussten viel über meine Angehörigen im Libanon.

Wie beurteilen Sie die Libanesen, die libanesischen Familien, die hier manchmal Anlass für Schlagzeilen sind?
Das sind wenige Familien, die noch zu den Konservativen gehören. Und die hier Strafsachen machen, die sind auch im Libanon nicht gut angesehen.

Was halten Sie von der Europäischen Union?
Es wird wahrscheinlich weiter so bleiben wie es ist. Es geht ja immer um Geld. Europa bringt uns in absehbarer Zeit nichts. Vielleicht in 100 Jahren. Wir haben verschiedene Sprachen, verschiedene Kultu-

ren, unterschiedliche Probleme. Mit jemandem teilen, ist eigentlich eine schöne Sache, aber nicht, jemanden zu haben, der mir alles wegnimmt.

Und die Länder, die dazukommen, sind ärmer als die anderen.

Amerika hat auch lange gebraucht, bis sich alle Amerikaner als Amerikaner fühlten.

Elvira Yevtushenko, 71

Herkunftsland: Ukraine

»Ich habe keine Zeit, bescheiden zu sein.«

Elvira Yevtuschenko

»Als ich geboren wurde, hat meine Mama gesagt, ich sähe aus wie aus einem akademischen Buch: ohne ein Minus.« Elvira lacht und sagt: »Das ist lange her.« Sie wurde 1941, mitten im Krieg, im Kaukasus geboren. Ihre Mutter war als Ärztin nach Pjatigorsk versetzt worden, der Vater war auch Arzt und sofort nach der Ausbildung zum Militär eingezogen worden. Da waren beide Eltern 23 Jahre alt. Der Vater kam nie zurück, er galt nach den Kämpfen um Stalingrad als »vermisst«. Vier Tanten, eine Großmutter und die Mutter kümmerten sich um das Kind, das damals Ella genannt wurde. Es gab keine Männer mehr nach dem Krieg.

Ich treffe Elvira in den Räumen von »Respekt«, einem Verein, der sich die »Förderung der Toleranz und der Völkerverständigung für das friedliche Zusammenleben von Menschen aus christlichen, jüdischen, islamischen und anderen Religionen und Kulturen« zum Ziel gesetzt hat. Fortbildung, Beratung und Sprachkurse sind wesentliche Bestandteile ihrer Arbeit. Die Arbeit wird gefördert vom Bundesministerium für Arbeit und Soziales, von der Bundesagentur für Arbeit, der Berliner Senatsverwaltung für Integration, Arbeit und Soziales und von der Europäischen Union, jeweils bezogen auf spezielle und besonders zu beantragende Vorhaben. Elvira ist verantwortliche Projektleiterin. Sie lebt seit 20 Jahren in Deutschland, seit zwölf Jahren hat sie einen deutschen Pass. Mir war bekannt, dass sie sich mit einer scheinbar nimmermüden Präsenz und Kraft für ihre Anliegen einsetzt, vor allem dafür, Frauen, Jugendliche und Kinder zu fördern und ihnen im umfassenden Sinn Bildung zu vermitteln.

Was ist Ihre Motivation für diese Arbeit?
Pestalozzi sagt, der Mensch ist Widerspruch. Wir sind als Tiere geboren, wir schreien, wollen essen. Krieg ist Ausbruch dieser tierischen Gier: besitzen, neue Territorien erobern. Es wird wohl keine Welt ohne Krieg geben, aber wir können alle etwas dagegen tun. Wir müssen. Harmonie ist Illusion.
Dann aber kommt die höhere Instanz, das Intellektuelle. Was hat Menschen menschlich gemacht? Dass wir die menschliche Intellektualität haben, denken können und reflektieren. Mir gefällt bei Freud nicht, dass er das Unbewusste ins Spiel gebracht hat. Wir können Werte entwickeln, ohne dass wir studieren. Was ist Bildung? Das ist Erkennen, das Ich und die Umwelt. Ich muss besser lernen, um eine Chance zu bekommen. Dafür arbeiten wir hier.

Sie arbeiten mit Menschen aus vielen Nationen, mit vielen Sprachen. Wie kommen Sie miteinander aus?
Das liegt in der menschlichen Natur, vor Fremden Angst zu haben. Wir wollen, dass sich die Menschen verstehen lernen. Wir müssen miteinander reden. Jeder hat seine Kultur. Wir brauchen nicht das Unterordnen, sondern eine Transkulturalität, die wir kennen und anerkennen müssen. Das gefällt mir besser als *Integration*. Mir gefällt das Konzept, dann kommen wir weg von diesem Wort *Fremde*.

Warum sind Sie nach Deutschland gekommen?
Das war ein Mischkonzept. Ich habe ganz früh geheiratet, mit 19. Mein Mann kannte mich schon seit der dritten Klasse. Er hat mich

verfolgt, mir Geschenke gemacht. Mit 30 aber war mir schon lang-weilig, mir war die bürgerliche Beziehung zu eng. Aber ich hatte früh einen Sohn bekommen, der bei mir blieb, als ich geschieden wurde. Dann habe ich wieder geheiratet. Und wieder einen Sohn bekommen. Der Ältere ist schon bald nach der Katastrophe von Tschernobyl nach Israel gegangen. Meine Familie war ja jüdisch, nicht orthodox. Als 1991 der Putsch in der Ukraine begann, wollte mein jüngerer Sohn auch weg. Seine Kumpel und viele aus der Familie waren geschädigt von Tschernobyl. Er wollte dort keine Familie gründen. Ich habe eine naturwissenschaftliche Ausbildung, bin Diplom-Physikerin. Ich habe in einem Maschinenbauwerk gearbeitet, in einem Labor, später auch an der Universität. Ich hatte immer nur Zeitverträge. Ich wollte der strukturellen Unterdrückung nicht folgen, obwohl die Kollegen solidarisch waren.

Dann habe ich mich 1993 entschlossen, mit meinem Sohn und meiner Mutter nach Deutschland zu gehen. Meine Mama hat die Deutschen nicht gehasst. Sie hat an die Soldaten gedacht, die für das politische System nicht verantwortlich waren.

Wie war der Anfang hier?
Ich hatte schon sehr viel über Deutschland gelesen und habe sofort Deutsch gelernt, habe mit Hilfe eines Wörterbuchs auch alle Anträge selbst ausgefüllt. Ich wurde hier freundlich aufgenommen. Die deutsche Botschaft in Kiew hat mich nach Brandenburg vermittelt. Obwohl die Menschen dort sehr hilfsbereit waren, wollte ich dort nicht bleiben. Ich brauche die Stadt, den Beton, die Menschenmassen. Ich brauche Menschen. Und ich bin auch in der Schule und an der Universität mit vielen aus unterschiedlichen Nationen aufgewachsen. Ich habe hier Glück gehabt.

Frauen sind bescheiden, sie sagen häufig, sie hätten Glück gehabt. Aber gehört nicht noch mehr dazu?
Ja. Meine Oma hat gesagt, gute Menschen finden immer gute Menschen. Man muss die Augen offen halten. Wenn du verbissen bist, dann findest du keine Menschen. Ich habe eigentlich keine Zeit, bescheiden zu sein.

Warum kamen Sie nach Berlin?

Als ich damals ein Angebot hatte, nach Potsdam zu gehen, da habe ich eine schlaflose Nacht gehabt. Ich kannte Potsdam nicht, dachte, in eine Kleinstadt will ich nicht. Ich wollte in eine weltoffene Großstadt. Deshalb habe ich in Berlin eine Wohnung gesucht. Ich habe einen Wohnberechtigungsschein in Berlin-Wilmersdorf bekommen. Da fand ich auch eine Wohnung. Und ich habe in Neukölln angefangen, mich für interkulturelle Arbeit zu engagieren, im Verein OWEN »Ost-West-Europäisches FrauenNetzwerk«. Dann haben wir nach meinem Praktikum als Projektassistentin ein Projekt beantragt. Ich habe dort sechs Jahre als Projektleiterin gearbeitet. Und dann wurde ich auch als Paradebeispiel benutzt. Aber ich habe immer weiter gearbeitet.

Dann kam die Arbeit bei »Respekt«?

Das ist immer Arbeit für mich gewesen, gute Arbeit, nicht ein Job, die interkulturelle Arbeit. Wir machen Kurse für Aussiedler, bieten Konversationsrunden für Frauen an, initiieren einen Dialog zwischen den Generationen, wir bieten Kurse für Kinder an.

Ich vertrete eine humanistische Pädagogik: lasse die Kinder Kinder sein, zum Beispiel. Als ich heute in einem Seminar nach Werten fragte, sagte eine deutsche Frau: Pünktlichkeit.

(Wir lachen beide.)

Ich habe erklärt, dass das vielleicht Tugenden sind, aber Werte sind andere in der Demokratie: Antidiskriminierung, Frauenrechte, Kinderrechte, das sind Werte. So machen wir auch Weiterbildung für Pädagogen. Es ist ungerecht, dass wir von Kindern fordern, immer um acht in der Schule zu sein. Das ist unmenschlich und falsch. Jeder Mensch und jedes Kind hat seinen eigenen Rhythmus. Wir brauchen flexible Anfangszeiten. Wir müssen Respekt haben vor den anderen, die anders sind. Was brauchen wir: Kinder suchen Neues, sie wollen lernen. Wir müssen ihnen eine Chance geben. Alle müssen eigene Potentiale erkennen.

Wir haben internationalen Austausch, wir brauchen das auch. Wir sind alle so zerstreut. Man kann etwas bewegen, man muss nicht faul sein. Und man soll auch in die Kurse und zu Behörden nicht als Bettler kommen.

Hat sich in den letzten Jahren hier etwas verändert?

Die Menschen haben inzwischen mehr Verständnis für andere, anders als vor 20 Jahren. Es werden mehr Kulturen akzeptiert. Die Chancen sind gewachsen. Die deutschen Behörden, zum Beispiel die Leute vom Jobcenter, die rufen bei uns an, fragen, ob wir Kontakte für Arbeitssuchende vermitteln können. Und solche Beispiele wie Barenboim es mit der Musik macht, die sind wichtig. Er sagt, wenn wir spielen, dann ist keine Zeit für Terrorismus. Zusammen kochen bringt mehr als 1000 Zeitungen, vielleicht. Trotzdem soll man nicht glauben, man könnte die ganze Welt umarmen, dann kommen die Enttäuschungen und dann geraten die Menschen in Depressionen. Wir haben schon viel erreicht, aber es gibt Rückfälle, davor muss man keine Angst haben. Ich habe keine Angst. Ich habe inzwischen mit so vielen gearbeitet, sie brauchen mich nicht mehr.

Bei diesem Satz wirkt sie zufrieden, aber sie fügt hinzu: »Es ist noch so viel zu tun.«

Kostas Papanastasiou, 75

Herkunftsland: Griechenland

»Ich hoffe auf die Jugend.«

Kostas Papanastasiou in seinem Restaurant, Juli 2012

Weil ich wusste, dass er nicht nur gastlicher Wirt des »Terzo Mondo« in Charlottenburg ist – und einen solchen jahrelang in der Fernsehserie »Lindenstraße« gespielt hat –, sondern auch Architekt, Sänger, Schauspieler, Dichter *und* Grieche, wollte ich ihn für ein Interview gewinnen. Er sagte zu.

Kostas (Konstantin) Papanastasiou wurde 1937 in Griechenland, »zwischen Athen und dem Olymp«, geboren. Die dörfliche, ärmliche Umgebung in einer Familie mit fünf Geschwistern prägte seine Kindheit. Dennoch besuchte er die Schule bis zum Abitur. Ein Studium in Athen, wo es nur eine Technische Universität gab, oder in Thessaloniki, wo nicht alle Fakultäten vertreten waren, kam für ihn wegen der teuren vorbereitenden Kurse auf das Studium nicht in Frage. Die Familie legte ihm nahe, es in Deutschland zu versuchen oder in Österreich, wo es derartige Bedingungen für eine Aufnahme nicht gab. Kostas ging mit zwei Cousins nach Wien, ohne mehr als drei Sätze der deutschen Sprache zu beherrschen. Da musste er feststellen, dass er doch eine Aufnahmeprüfung machen musste, und zwar in

»Darstellender Geometrie«, weil dieses für sein beabsichtigtes Studium notwendige Fach in Griechenland nicht gelehrt worden war. Er nahm das Sprachstudium selbst in die Hand, indem er Fachbücher zur Darstellenden Geometrie auf Griechisch und Deutsch parallel las und damit auch die deutsche Sprache lernte, so dass die Aufnahme an der Wiener Universität möglich wurde. Weil ihm das Geld zum Leben fehlte, überlegte er, nach Griechenland zurückzugehen, hörte aber dann, dass die Berliner Universitäten den Studierenden Minijobs zur Finanzierung ihres Studiums vermittelten.

Kostas kam im Oktober 1956 nach West-Berlin. Hier konnte er sich zunächst nicht einschreiben und damit auch keinen Studentenjob annehmen, weil ihm die 60 Mark für die Immatrikulation fehlten. Doch dann schickte sein Vater ihm 15 Dollar, die bei dem damaligen Wechselkurs (eins zu vier) diesen Betrag ergaben.

Den Lebensunterhalt während des Studiums musste er selbst erwirtschaften. Er half Studierenden bei der Vorbereitung ihrer Prüfungen, vor allem im Fach »Darstellende Geometrie und Perspektive«, das er selbst gründlich studiert hatte, zunächst durch seine Fachbuchlektüre zum Deutsch lernen. Und er hat immer nebenher gearbeitet, war oft zu müde in den Vorlesungen.

Kostas gründete mit anderen einen Studentenverein für gegenseitige fachliche und sprachliche Hilfe.

Ab 1960 kamen griechische Gastarbeiter nach Deutschland. Sie verfügten weder über ausreichende Deutschkenntnisse noch zeigten die Arbeitgeber und die beiden Staaten ein Interesse daran, sich um ein Angebot von Sprachkursen zu bemühen. »Niemand hatte sie auf das neue Leben in Deutschland vorbereitet. Wir haben ihnen auch vermittelt, dass man hier Pünktlichkeit erwartet, zum Beispiel.«

Er unterbrach sein Studium und gründete mit anderen den Verein der »Griechischen Gemeinde in Berlin«. Die Gastarbeiter waren zum Teil in großen Heimen untergebracht. Und Kostas war Dolmetscher für viele, sei es auf Ämtern, bei Arbeitgebern oder bei Ärzten. Er war in gleicher Mission in ganz Deutschland unterwegs, initiierte die Gründung gleichartiger Vereine in anderen Städten. Diese Kontakte verstärkten den Austausch mit den Menschen, die aus Griechenland gekommen waren. Es gab viele Gespräche über die politischen Verhältnisse im Heimatland.

Im April 1967 begann in Griechenland die Zeit der Militärdiktatur. Es gab Demonstrationen in Deutschland und in Europa, »antidiktatorische Kundgebungen«. Kostas trat während der Veranstaltungen, die er auch mit organisierte, mit Protestsongs auf, er sang Lieder von Mikis Theodorakis, was in Griechenland verboten war. Kostas hatte neben seinem Studium eine Schauspielausbildung absolviert. Seine erste Schallplatte wurde 1967 veröffentlicht.

In Griechenland wurde er in Abwesenheit wegen »staatsfeindlicher Aktivitäten« zu zweieinhalb Jahren Gefängnis verurteilt und ihm wurde sein Pass entzogen. Eigentlich wollte er nach dem Studium wieder nach Griechenland zurückgehen, um dort zu arbeiten und seiner Familie auch finanziell zu helfen, doch das war nun unmöglich geworden.

Inzwischen hatte er sein Studium weitergeführt und beendete es 1969 mit der Diplomprüfung. Er wurde Lehrbeauftragter an der Hochschule der Künste, arbeitete als Architekt an großen Bauvorhaben in Berlin, zum Beispiel am Kurfürstendamm-Karree (das jetzt, 50 Jahre später, voraussichtlich vor einem durchgreifenden Umbau steht). Mehr oder weniger vom Zufall als von einem konkreten Plan bestimmt, erwarb er das Restaurant »Terzo Mondo«, das er bis heute führt.

Er war nun durch seine künstlerische Arbeit als Sänger und Poet, durch seine berufliche Einbindung und durch die vielen solidarischen Aktionen für Einzelne und die griechische Gemeinschaft schon in Berlin »angekommen«. Er hatte eine deutsche Frau geheiratet, mit ihr lebt er bis heute. Das Paar bekam einen Sohn, inzwischen gibt es auch einen achtjährigen Enkel.

1974, nach dem Ende der Militärdiktatur in Griechenland, erfüllte er sich zwei Träume: Er kaufte ein neues Auto und fuhr damit nach Griechenland. Auf der Rückreise wollte man ihn festnehmen, der alte Haftbefehl lag noch vor, wurde dann aber doch nicht umgesetzt. Kostas konnte mit dem Auto wieder nach Berlin zurückfahren. Er sang weiter Songs von Theodorakis, nun auch in seinem Restaurant, wo während der Berliner Filmfestspiele viele Künstler ein und aus gingen.

1975 begann eine neue Phase seines Lebens: Der Regisseur Bernhard Wicki engagierte ihn für seinen Film »Die Eroberung der Zitadelle«, der auf Elba gedreht wurde und 1977 den Bundesfilmpreis erhielt. Nach mehreren Filmen und Fernsehserien spielte Kostas von 1985 bis 1996 die Rolle eines griechischen Wirts in der Fernsehserie »Lindenstraße«. Viele Filme folgten, auch Konzerte und szenische Lesungen.

Wie verstehen Sie »Integration«?

Der Begriff kommt ja eigentlich aus der Mathematik: Man kann sich das übertragen so vorstellen, dass verschiedene Zahnräder ineinandergreifen und alle Elemente im Integral wirken für ein bestimmtes Ziel. Wenn jemand aus einem anderen Land kommt, dann bringt er eine andere Sprache mit, kennt eine andere Wirtschaftsweise und eine andere Politik. Dann findet er hier eine andere Gesellschaft vor, in die er sich mit seinen Erfahrungen positiv einordnen muss. Für mich bedeutet das, wenn ich in eine Gesellschaft reinkomme, in ein anderes Land, wo auch eine andere Sprache gesprochen wird, eine andere Politik, eine andere Religion, andere Wirtschaftsweisen herrschen, wenn ich die neue Wirklichkeit erringen soll, um in dieser Gesellschaft positiv mitzuwirken, kann ich nicht von der neuen Außenwelt fordern, dass sich dieser Rahmen ändert und sich mir anpasst. Ich kann mir vorstellen, dass diese Gesellschaft, die da herrscht, Sitten und Gebräuche, Gesetze, Lebensweisen hat und lange genug daran und dafür gearbeitet hat. Auch die Freiheiten zu haben, die sie hat. Wenn mir das Land nicht gefällt, dann muss ich es verlassen. Das Volk in der neuen Gesellschaft hat dafür gekämpft, um auf diese Ebene zu kommen, und ich muss das respektieren. Dazu muss ich erst mal die Sprache des Landes lernen, in dem ich leben will, so, dass ich auch die Gesetze verstehe, die Richtlinien, die Verfassung. Theoretisch muss ich sagen, dass ich das akzeptieren muss. Ich glaube, dass ich mich persönlich sehr gut integriert habe. Natürlich lebt noch sehr lebendig der Grieche in mir, aber dieser Grieche in mir ist mittlerweile auch ein »Berliner«.

Und wie wurden Sie Berliner?

Ich hatte hier keine größeren Probleme, so dass ich hätte sagen müssen, ich muss zurück nach Griechenland. Ich schaffe hier und schöpfe hier, ich glaube, ich bin hier als Bürger wichtiger als in Griechenland. Die meisten meiner Verwandten leben nicht mehr, so dass es mir heute ausreicht, zu Besuch zu fahren, wann ich möchte. Das ist ja glücklicherweise möglich.

Wächst Europa zusammen?

Es war ein zu langsamer Weg zur Integration. Die Länder haben an Integration gar nicht gedacht. Sie dachten zuerst, die Wirtschaft muss hochkommen. Aber die Gemeinschaft, die Sozialität, die ist total vergessen worden. Auf einem Gewerkschaftskongress 1968 in Berlin habe ich schon über Integration gesprochen. Damals redete noch keiner davon. Ich sagte, man müsse aufpassen, dass man in Berlin kein Harlem aufbaut.

Die griechischen Einwanderer waren, auch durch unsere Unterstützung, gut integriert. Aber das waren nur ein paar Tausend. Bei anderen, die in viel größerer Anzahl eingewandert waren, hat man viele Fehler gemacht. Man hätte sie nicht alle, zum Beispiel die Türken, nur in bestimmten Stadtteilen wohnen lassen sollen. Zuerst waren die Familien noch nicht da. Aber es wurde immer dichter. Man hätte helfen müssen, sie zu verstreuen. Das wäre vor allem im Interesse der Kinder und Jugendlichen gewesen. Aber sie haben sie alle in den billigen, primitiven Wohnungen untergebracht. Sie hätten sich mischen müssen mit den Deutschen, damit sie einander kennenlernen. Damit es harmonisch und friedlich eine Koexistenz gibt. Damit vor allem die Kinder schon früh Deutsch lernen. Denn daran liegt das meistens: dass sie sich nicht kennen, dann können sie auch die Sprache nicht lernen. Aber darum haben sich die Länder nicht gekümmert.

Können die gegenwärtigen Probleme überwunden werden?

Für mich ist die EU gegenwärtig ein Fiasko. Das, was zur Freude bewegt hat: keine Kriege mehr, Solidarität, Begegnungen der Menschen ohne Grenzen, das war es ja. Europa basiert auf den Fundamenten einer der besten Kulturen der Welt! Aber davon ist heute nicht die Rede. Selbst im Rundfunk und im Fernsehen sind Lieder aus europäischen Ländern kaum zu hören. Am Anfang einer europäischen Gemeinschaft hörte man Moustaki und Brel und italienische und französische Lieder. Gegenwärtig ist diese Idee von Europa den Belangen der Finanzmärkte unterlegen. Dabei hat Deutschland doch im Kleinen geübt, was eine föderale Gemeinschaft auch ausmacht: Es gibt hier den Länderfinanzausgleich, über den es gegenwärtig auch Streit gibt. Doch die Deutschen haben die beste Organisation in Europa. Aus der großen Idee ist ein kleinlicher Prozess geworden. Und die Probleme werden zur Schuld des »kleinen Mannes«, damit sich der Mensch nicht fragt, wohin oder woher die Milliarden Euro kommen und gehen. Das Problem liegt nicht an den Menschen, sondern an der Art der Wirtschaft. Ich bin sehr traurig darüber.

Aber ich bin sicher, dass sich Europa zusammenrafft und die Europäer sich besser verstehen und zu einem blühenden Europa umarmen werden. Ich hoffe, dass die alte Gesellschaft durch eine neue ersetzt wird: Ich hoffe auf die Jugend und auf die Jugend setze ich.

Zum Abschluss unseres Gesprächs übergibt er mir ein Buch, in dem seine Gedichte veröffentlicht wurden. Er bittet darum, einen Vers daraus abzudrucken.

Sprich die Wahrheit:
Kein Volk ist zum Leiden verdammt,
keines ist von minderem Wert.
Sprich die Wahrheit: kein Mensch kommt als Sklave,
niemand als Herrscher zur Welt.
Sprich die Wahrheit: Wir sind nirgends die Hiesigen,
nirgends die Fremden.
Niemand hat ein Anrecht darauf,
sich unsere Erde zu eigen zu machen.
(Aus: Kostas Papanastasiou: »An dich, Dichter«. In: Gedichte, Berlin, 2009)

INTERVIEWS

II Eine neue Generation –

Jugendliche aus Einwandererfamilien

Nesrin Ramadan, 18

Herkunftsland der Eltern: Libanon

*»Wenn man Respekt und Toleranz
verlangt, sollte man diese auch
dem anderen entgegenbringen«.*

Haus in Beirut,
kriegsbeschädigt, 2000

Im April 1975 brach im Libanon erneut der Krieg zwischen den
christlichen und muslimischen Milizen aus. Die Kämpfe, die im ersten Bürgerkrieg vor allem auf den Norden des Landes konzentriert
waren und sich zu Auseinandersetzungen mit Israel ausweiteten,
hatten inzwischen auch Beirut erreicht. Die Menschen litten unter
den andauernden Schüssen und Explosionen, gerade oder auch wenn
sie sich nicht persönlich beteiligten.

Der Vater von Nesrin verließ deshalb 1977 Beirut und ging nach
Berlin, die Mutter folgte ihm 1985. Sie hatten Deutschland gewählt,
weil ihnen das Aufnahmeverfahren als relativ reibungslos geschildert
wurde. Die Eltern hatten hier schon Verwandte und Freunde. Viele
Flüchtlinge aus Beirut waren vor allem nach Brasilien gegangen.

Der Vater arbeitete in Berlin hauptsächlich im Gastronomiege-
werbe, die Mutter versorgte die Kinder. Nesrin wurde 1994 in Ber-

lin geboren, sie hat noch sieben Geschwister. Die Eltern hielten ihre Kinder zum Lernen an, »um etwas aus ihrem Leben zu machen«. So hat Nesrin nach ihrem Schulbesuch Kurse zur Ablegung des Fachabiturs besucht, sich dann aber um eine Ausbildungsstelle im öffentlichen Dienst beworben und wurde angenommen. Sie ist im ersten Ausbildungsjahr. Wir treffen uns in einem Besprechungsraum des bezirklichen Rathauses zu unserem Interview.

Nesrin ist trotz ihrer gerade erst 18 Jahre sehr redegewandt, aufgeschlossen und – wie ich inzwischen auch mehrfach in anderen Gesprächen feststellen konnte – von einer ernsthaften Interessiertheit an meinen Fragen und der allgemeinen Situation von Migranten, was gegen die landläufige Meinung spricht, die Facebook-Generation sei für jegliche konventionelle Kommunikation verdorben. Sie besitzt einen deutschen Pass und fühlt sich »als Deutsche mit arabischen Wurzeln«.

Wie haben Sie Ihre Schulzeit empfunden?

Die Eltern haben mich und meine Geschwister immer unterstützt und uns zum Lernen angehalten. Mein Vater spricht gut Deutsch und meine Mutter hat inzwischen auch Deutsch-Kurse gemacht. Die älteren Geschwister sprachen zuerst Deutsch und lehrten die Jüngeren. Meine Eltern haben uns angehalten, etwas aus unserem Leben zu machen. Dass sich Eltern nicht darum kümmern, das gibt es in deutschen Familien auch.

Man braucht den Willen, etwas zu erreichen, dann stehen einem alle Türen und alle Wege offen. Das Problem ist oft, dass, wenn die Eltern nicht arbeiten, die Kinder denken, sie brauchten das auch nicht.

Während meiner ganzen Schulzeit habe ich vor allem tolerante Menschen getroffen. Es gab ein nur paar Ausnahmen. Zum Beispiel zum Zuckerfest, an dessen erstem Tag die muslimischen Schülerinnen und Schüler frei nehmen können, sagte ein Physiklehrer: »Na, dann tragen wir alle an einem Tag Kopftuch, dann haben wir am nächsten Tag alle frei.« Aber das war ein einzelner Lehrer, dem wir aber auch geantwortet haben auf seine dämliche Anmache.

Und ein Beispiel aus der Fachabitur-Zeit: Im Sozialkundeunterricht sagte ein türkischstämmiger Schüler zu einer deutschen Schülerin: »Bist du behindert?« (Die beiden Schüler waren sehr gute Freunde und es war nicht seine Absicht, sie zu beleidigen, und sie hatte es selbst nicht als Beleidigung empfunden.) Daraufhin sagte die Sozialkundelehrerin zu dem türkischen Schüler: »Lies mal die Sarrazin-Lektüre, dann weißt du, wer die Behinderten sind!« Die ganze Klasse war schockiert.

Haben Sie allgemein Diskriminierung bemerkt?
Wenn wir zum Beispiel in der U-Bahn angemacht werden, dann reden wir mit denen. Es ist wichtig, dass man miteinander spricht. Es gibt immer Menschen, die dafür sind oder dagegen, aber ich vermute, das ist auf allen Seiten nur die Minderheit. Ich habe arabische und deutsche Freunde, ich sehe da keinen Unterschied.

Ich kenne viele Freunde und Familien, die meiner Ansicht sind. Die finden es auch peinlich, wenn sich manche nicht richtig benehmen. Wenn man Respekt und Toleranz verlangt, dann sollte man diese auch dem anderen entgegenbringen. Ich würde mir wünschen, dass man Menschen nicht nach ihrer Religion, sondern nach ihrer Person beurteilt.

Wollten Ihre Eltern wieder in den Libanon zurückgehen?
Uns zuliebe würden die Eltern nicht zurückgehen. Wir haben hier unsere Freunde, lernen und arbeiten hier und kennen uns aus. Meine Geschwister und ich sind ja alle in Deutschland geboren. Wir fahren in den Ferien in den Libanon. Ich freue mich immer auf die Besuche bei der Großmutter und den Verwandten in Beirut, mir gefällt das Land und das Klima. Ich wundere mich aber, wie wenig man den Menschen eine Angst vor neuen Kämpfen anmerkt. Ich selbst habe immer ein wenig Furcht davor, dass wieder etwas passieren könnte.

Hat sich die Stimmung in Deutschland verändert?
Ja, in den letzten zwei bis drei Jahren, vor allem als das Buch von Sarrazin herauskam und das Thema in den Medien war, und als dann auch entsprechende Wahlplakate hingen, wurden wir wieder alle in eine Schublade gepackt. Seitdem trägt meine Mutter Kopftuch. Wir

Mädchen nicht. Die Islam-Hetze hat zugenommen und Migration wird mit Religion verwechselt. Man wird abgestempelt. Dabei garantiert das deutsche Grundgesetz Religionsfreiheit. Jeder soll glauben, woran er möchte. Ich hoffe, dass sich im Laufe der Zeit wieder diese Sicht durchsetzt.

Natasza Arndt, 18

Herkunftsland der Mutter: Polen

»Ich probier, hier meine Zukunft aufzubauen.«

Natasza Arndt, Juni 2012

»Eigentlich wollte ich Polizistin werden, das war mein großer Traum. Mein Opa in Polen war bei der Kriminalpolizei, und er hat mich als Kind öfter mitgenommen und mir von seiner Arbeit erzählt. Aber ich hatte einen Beinbruch während der Schulzeit, da habe ich befürchtet, die Gesundheitsprüfung nicht zu bestehen. Nun beginne ich eine Ausbildung als Restaurantfachfrau. Ich habe gleich eine Zusage bekommen, nach einer Bewerbung. Wenn ich dann Geld sparen kann, möchte ich zuerst meinen Führerschein machen.«

Natasza hat gerade auf einer Europaschule ihren Mittleren Schulabschluss (MSA) geschafft und freut sich auf die Ausbildung, die schon in einem Monat beginnen soll. Sie ist in Szczescin, Polen, geboren. Sie schreibt mir auf: Stettin. Sie fühlt sich, sagt sie mir später, eher als Deutsche denn als Polin, obwohl sie auch fließend Polnisch spricht. Ihre Mutter ist Polin, ihr Vater Deutscher. Sie haben sich in Deutschland kennengelernt, sind aber dann nach Stettin gegangen. Als Natasza fünf Jahre alt war, ging die Familie nach Deutschland. Sie sprach zu dieser Zeit besser Polnisch als Deutsch.

Während ihrer Grundschulzeit gab es für sie keine Probleme mit den Mitschülern. Sie besuchte eine deutsch-polnische Schule, wechselte aber auf eine andere Schule, weil sie Schwierigkeiten im Deutschen hatte. In der neuen Schule war der gesamte Unterricht auf Deutsch.

»Die Lehrerinnen und Lehrer waren eigentlich freundlich. Aber es wirkte so, als hätten sie Angst vor den Schülern. Sie griffen zu wenig ein, wenn die Klasse unruhig war, ließen sich von Schülern provozieren.«

Obwohl sie in Polen noch nicht in die Schule gegangen ist, erzählte ihr die in Polen bei der Großmutter gebliebene ältere Schwester von ihren Erfahrungen: In Polen seien die Lehrer strenger, es gebe nicht diese Masse von Schulschwänzern, weil die Eltern gleich Nachricht bekämen. Nach der Grundschulzeit machte Natasza ähnliche Erfahrungen wie zuvor. Es habe auf sie so gewirkt, als ließe man die Schüler zu früh eigene Verantwortung trainieren, wozu sie eigentlich noch nicht imstande sind.

»Manche Lehrer hatten schlechte Laune, das merkte man. Sie unternahmen lange Zeit nichts gegen Lärm oder Unruhe in der Klasse. Und dann explodierten sie plötzlich, fast immer denen gegenüber, die nichts Besonderes gemacht hatten. Als hätten sie Angst vor denen, die wirklich undiszipliniert waren.«

Natasza und ihr jüngerer Bruder waren oft sich selbst überlassen, weil die Mutter berufstätig war. Die Eltern hatten sich inzwischen scheiden lassen. »Wir waren als Kinder viel allein, aber wir haben daraus gelernt. Manche können das nicht. Da fehlt die Unterstützung von den Eltern. Wenn die Eltern keine Maßstäbe setzen, dann können sie sich auch in der Schule nicht benehmen. Unsere Mutter hat uns immer unterstützt.«

Von ihrem ersten Freund, einem türkischen Mitschüler, hat sie sich getrennt und wechselte daraufhin die Schule. »Ich glaube, dass bei den Türken die Verletzung der Männlichkeit immer noch eine große Rolle spielt.« Als er auch vor ihrer Wohnung noch immer auf sie wartete, zog die Familie in eine andere Wohnung, nun sei Ruhe. Inzwischen hatte Natasza noch einmal die Schule gewechselt, sie besuchte nun eine deutsch-griechische Europaschule, auf der sie auch ihren Abschluss machte.

Natasza vermittelt während des Gesprächs einen Eindruck von Ruhe und angenehmer Selbstsicherheit. Auch sie ist angekommen, wohin das Leben sie auch in Zukunft noch führen wird. Sie hat zwei Heimatländer, spricht zwei »Muttersprachen« und beherrscht das hier vermittelte übliche Schulenglisch. Gute Voraussetzungen für ein selbstbestimmtes Leben, nimmt man ihre geübte Selbstständigkeit hinzu. Zu ihrer Mutter, ihren Geschwistern und der Großmutter in Polen hat sie weiter ein gutes Verhältnis.

Was wünschen Sie sich für die Zukunft?
Dass die Menschen mehr Respekt voreinander haben, und das verstehen manche nicht, vor allem Türken. Sie sollten sich mehr integrieren, sich um Arbeit bemühen. Das Leben in der Türkei ist viel strenger als hier.

Wir sind alle gleich. Aber wir müssen lernen, uns gegenseitig zu respektieren. Manchmal wollte Deutschland alle Ausländer zurückschicken. Aber es ist so »multikulti« geworden, und ich finde das gut, vor allem hier in Berlin.

Olga S., 24

Herkunftsland der Familie: Polen

»Ich wünsche mir einen Job, der mich erfüllt.«

Heimaten: Deutschland und Europa

Olga S. ist in Łódź in Polen geboren und dort auch zur Schule gegangen. Im Rückblick auf den Schulbeginn sieht sie sich als »kleinen
Streber, katholisch erzogen, sehr gläubig«. Die Eltern – beide Bauin-
genieure – erklärten eines Tages im Jahre 2003, sie würden nun nach
Deutschland umsiedeln. Sie hatten deutsche Vorfahren. Olga war
15 Jahre alt, sprach kaum Deutsch, in ihrer Schule in Polen wurde
Deutsch nicht gelehrt.

Sie war zuvor nur einmal in den Ferien in Berlin gewesen, aber da
habe sie sich als Touristin gefühlt. »Nun, vor dem Umzug, hatte ich
doch Angst, weil ich nichts verstanden habe.« Inzwischen studiert sie
Jura an der Freien Universität Berlin.

Wo haben Sie Deutsch gelernt?
Zunächst ging ich in eine Förderschule, eine Hauptschule, aber nur ein halbes Jahr. Wir hatten zum Beispiel eine in der Türkei geborene Lehrerin, die uns Deutsch beibringen sollte. Ihre Aussprache habe ich nicht als das Deutsch erkannt, das ich sonst hörte. Es sollten deutsche, muttersprachliche Lehrerinnen und Lehrer für diesen Unterricht eingesetzt werden, sonst wirkt das wie »Antimigrationspolitik«. In Polen hatte ich das beste Gymnasium der Stadt besucht. Also wollte ich hier auf eine andere Schule wechseln. Das ist mir gelungen. Die deutsch-polnische Schule hat mich aufgenommen. Die machte auf mich einen positiveren Eindruck als die Hauptschule. Und ich gehörte dann später auch zum ersten Jahrgang, der die neue Oberstufe nutzen konnte.

**Hatten Sie Probleme mit anderen
Schülerinnen und Schülern?**
Nie hat sich jemand über meine am Anfang ja noch mangelhaften Sprachkenntnisse lustig gemacht. Aber es gab so in der achten Klasse ungefähr auch viele, die sich abkapselten. Die offenbar kein Interesse hatten, sich zu integrieren. Es gab eine kleine polnische Community, aber auch Türken, mit denen es oft keine Kommunikation gab. Aber in dem Alter ist es ohnehin oft schwierig. Da sucht man sich Cliquen.

Wie war der Geschichtsunterricht in der Schule?
Nationalsozialismus bis zum Überdruss. Die Lehrer übertragen das auf die Schüler. Bei Jugendlichen kommt immer wieder die Schuldfrage auf. Sie können das nicht abschalten. So geht der Begriff der Nation nicht aus den Köpfen.

Was fiel Ihnen an Deutschland auf?
Zunächst mal die Erfahrung mit der Sprache. In Polen wird noch oft gedacht, alle sprechen in Deutschland so abgehackt und hart, wie man das auch aus Filmen kennt. Aber ich habe die weiche Seite der deutschen Aussprache entdeckt, vor allem auch über die Lieder, die ich hörte.

Erkennen Sie Unterschiede zwischen Polen und Deutschen?
Die Deutschen sind höflich, sie nehmen sozial Rücksicht, sind aber verschlossen nach außen. Aber untereinander reden die Deutschen viel, auch über Politik, wie mir in einem Zug auffiel. Die Polen reden weniger darüber. Die deutsche Demokratie funktioniert deshalb so gut, da sie schon seit über 100 Jahren in der deutschen Geschichte verankert ist. Die polnische, junge, noch unerfahrene Demokratie weist noch viele Schwächen auf, dies erklärt auch das unterschiedliche Verhalten der Abgeordneten in Polen und in Deutschland. Die Deutschen wirken auch ausgeglichener als die Polen. Ich denke, dass es hier in Deutschland politisch korrekt zugeht.

Was wünschen Sie sich für die Zukunft?
Europa ist eine gute Sache. Aber wir haben keine gemeinsame Sprache. Eine Integration aller europäischen Staaten im wahren Sinne des Wortes wird noch Jahrzehnte dauern.

Ich wünsche mir persönlich eine glückliche Familie, Kinder und einen Job, der mich erfüllt.

Lucas Zarna, 20

Herkunftsland der Mutter: Polen
Herkunftsland des Vaters: Türkei

»Man muss versuchen, heute zu leben.«

Lucas Zarna, Juni 2012

Lucas ist in Berlin geboren, seine Mutter kam aus Polen, sein Vater, den die Mutter in Berlin kennenlernte, war aus der Türkei nach Berlin gekommen. Die Großmutter aus Polen kam auch in die Familie, so dass Lucas die Möglichkeit hatte, »die Welt« in drei Sprachen kennenzulernen.

Er besuchte zunächst eine deutsch-polnische Grundschule, er wechselte dann auf eine Europaschule mit deutsch-polnischem Unterricht, wo auch das Abitur – abgestimmt mit deutschem Curriculum – zweisprachig erfolgte.

Mit seiner Herkunft, seinem Aussehen und seiner Sprache gab es nie Probleme. Die Schülerinnen und Schüler sind einerseits alle Außenseiter, andererseits sind sie sich auf diese Weise gleich. Außerdem, so betont Lucas, gab es eine Vertrauenslehrerin, an die sie sich immer wenden konnten, und das war oft eine große Hilfe. Auch die Mutter von Lucas war organisatorisch aktiv im Schulleben und »sie hat mich immer voll unterstützt«.

Lucas behielt Freunde aus der Grundschule, »die Sprache hat uns weiter verbunden«, sagt er, »aber ich habe heute auch andere Freunde.«

▨ **Welche Unterschiede nehmen Sie zwischen den Nationalitäten wahr?**

Außer der Gastfreundschaft, wie in Polen, kommt es darauf an, wie man miteinander lebt. Berlin zum Beispiel hat schon mehrere Kulturen verinnerlicht. Aber in den einzelnen Ländern wird noch zu oft in Klischees gedacht, vor allem in der älteren Generation. Man sollte sich selbst orientieren. Aber 70 Jahre – nach diesem Krieg –, das ist geschichtlich noch keine so lange Zeit. Aber man muss versuchen, heute zu leben. Auch nicht alle Migranten halten zusammen. Eigentlich fehlt es auch an einer gemeinsamen Sprache.

▨ **Was sind Ihre Wünsche für die Zukunft?**

Dass sich Europa als Subkontinent weiterentwickelt. In Polen sollte es wirtschaftlich weitergehen, und da ist auch die Demokratie noch im Rückstand.

Für mich wünsche ich, dass ich jetzt den Studienplatz für Jura bekomme, auf den ich mich beworben habe, und ich werde mein Englisch vervollkommnen, weil ich Auslandserfahrungen sammeln möchte.

Er sieht mich an, freundlich und sehr sympathisch, und fügt hinzu: »Wenn man Erfolg haben will, dann muss man in die Zukunft schauen.«

Jola S.*, 21

Herkunftsland: Polen

*»Arbeit ist, wenn man will,
leicht zu finden.«*

Brücke, verbindend

Jola hat mir ihre Fragen nach dem Fragebogen schriftlich beantwortet, sie möchte ihren richtigen Namen nicht öffentlich machen. Sie ist in Polen geboren.

**Wann sind Sie mit Ihren Eltern
nach Deutschland gekommen?**
2006

Warum wurde Deutschland als neues Land gewählt?
Mein Vater hat in Deutschland seit Jahren gearbeitet.

Was haben Sie / Ihre Familie von Deutschland erwartet?
Meine Eltern: Arbeit, ich: gute Ausbildung.

Wie war der Anfang? Wie reagierten Deutsche / deutsche Behörden?

Der Anfang war nicht leicht, da wir nicht so gut Deutsch gesprochen haben. Und es war insbesondere sehr schwer, sich mit dem neuen System vertraut zu machen. Die Behörden waren auch nicht immer sehr hilfsbereit, aber im Großen und Ganzen wurden wir nett empfangen.

Wie war Ihre Schulzeit / die Zeit Ihrer Ausbildung? Hatten Sie Probleme wegen Ihrer nichtdeutschen Herkunft?

Am Anfang war es nicht leicht, da es schwer war, sich mit anderen Mitschülern zu befreunden, da die »Blockade«, Deutsch zu sprechen, ziemlich groß war. Die Mitschüler sowie die Lehrer waren aber sehr hilfsbereit und hatten Verständnis dafür. Ich hatte in meiner Schule gar keine Probleme wegen der Sprache. Geholfen hat es mir auch, dass in meiner Klasse drei bis vier andere polnische Schüler waren, die die Sprache sehr gut beherrschten. Sie haben mir sehr viel geholfen.

Haben sich im Laufe Ihres Aufenthaltes in Deutschland Ihre Ansichten über das Land verändert?

Nein. Ich habe immer eine positive Meinung über Deutschland gehabt. Natürlich gibt es Aspekte, die mir nicht immer gefallen, das gehört aber zu jedem Land.

Was würden Sie Einwanderern raten, die hier leben wollen?

Vor dem Umzug einen Deutsch-Kurs besuchen und versuchen in Deutschland Menschen zu finden, die die gleiche Erfahrung gesammelt haben, damit sie einem erklären, was man überhaupt und wo man die wichtigsten Sachen erledigen muss.

Was gefällt Ihnen an Berlin – und was nicht?

Mir gefällt insbesondere, dass Berlin eine große Stadt ist, mit vielen Möglichkeiten, sehr ausländerfreundlich. Dazu besuchen Berlin sehr viele bekannte Künstler (Musik), deswegen bekommt man die Möglichkeit, die live zu erleben. Auch das Studienangebot ist sehr groß. Arbeit ist (wenn man will) leicht zu finden.

Was mir nicht gefällt, ist, dass es Bezirke gibt, in denen bestimmte Menschen (Nationalitäten) wohnen.

▨ **Was ist (typisch) »deutsch« für Sie?**
– Bier trinken,
– große Unterstützung der Frauen (Ausbildung, Arbeit).

▨ **Haben die Debatten über das Buch von Sarrazin und die Aufdeckung der sogenannten »Neonazimorde« Ihre Einstellung verändert?**
Nein

▨ **Wie sehen Sie unsere gemeinsame Zukunft in Deutschland / in Europa?**
Ich denke, die Menschen in Europa werden sich immer näher kommen und sie werden immer mehr die anderen Nationalitäten tolerieren und respektieren.

▨ **Welche Wünsche haben Sie für Ihre Zukunft?**
Ich wünsche mir, dass ich hier in Deutschland bleiben darf, mein Studium beende und eine gute Arbeit finde.

* Name wurde geändert

Das »JugendtheaterBüro« in Moabit

Spiel-Regeln

Theaterprobe, aufmerksame Gäste

Im Theaterraum des »JugendtheaterBüros« (JTB) findet gerade eine Voraufführung statt. Obwohl alle in den Vorbereitungen für ein Festival stecken, konnte ich mit einigen Jugendlichen sprechen und sie bei ihrer Arbeit begleiten.

Auf der Bühne sind vier Jugendliche zu sehen. Ein in Schwarz gekleidetes Mädchen mit kompaktem Kopftuch spielt eine palästinensische Mutter, zwei Jungen ihre Söhne. Hinzu kommt ein Junge mit jüdischer Kippa (wohl als israelischer Soldat), der die Familie durch das Umrücken der Stühle, auf denen die drei zuvor saßen, symbolisch in kleine Räume sperrt, während er sich im großzügigen Wohnzimmer breit macht. Die Palästinenser-Mutter wehrt sich verbal, der Soldat geht ungerührt zu einem zuvor von der Familie genutzten – imaginierten – Fernsehgerät, setzt sich davor und verfolgt aufmerksam und offensichtlich amüsiert das Fernsehbild. Die Mutter fragt ihre beiden Söhne laut: »Wo ist er denn geblieben?« Im Publikum sind Kindergarten-Kinder, eines davon ruft: »Er guckt doch fern!«

Das »JugendtheaterBüro der Initiative Grenzen-Los! e. V.« öffnet seine Türen für Kinder und Jugendliche aus sogenannten sozialen Brennpunkten. Es sind die Türen des Gemeindehauses der Reformationskirche im Herzen des Stadtteils Moabit. Die Räume sind von der Initiative angemietet. Vor dem Haus ist ein Gartenhof mit Stühlen und Tischen und einem Zeltdach. An Wänden und auf Tischen finden sich Informationsmaterial und Plakate. Am Nachmittag kommen die Jugendlichen auf den Hof. Eine bunte Mischung aus Jungen und Mädchen, Letztere mit und ohne Kopftuch, dunkelhaarig oder blond, alle fröhlich und sich vertraut begrüßend.

Was bedeutet dieser Ort für euch?

»Hier ist man willkommen, anders als in der Schule«, sagt die 15-jährige Nadya.* Ich frage nach, warum sie sich in der Schule nicht willkommen fühlt. Sie überlegt und sagt dann lächelnd:»Hier kann man fragen und es wird geantwortet. In der Schule wird man abgefragt.«

»Vor allem kann man auch im Winter hierher gehen«, sagt Aydün, deren schwarzes Kopftuch ihr Gesicht umrahmt. Sie ist erst 14.

»Ich bin hierhergekommen«, sagt Aldo, der schon 22 ist und als Moderator später auf der Bühne beherzt animiert,»weil ich ein schlechtes Abitur hatte und nicht gleich studieren konnte.«

Ich frage ihn, ob er Schauspieler werden wolle.»Ich kann mir auch vorstellen, Sozialarbeit zu machen, das lernt man hier auch.«

Tula, eine Berliner Studentin aus Spanien, die hier ein Praktikum macht, bewundert die Initiative und wünscht sich, dass es mehr davon gäbe.

Can ist 15 und geht zur Schule, aber hier, sagt er, lerne man viel mehr Leute kennen und es sei einfach klasse, mitzumachen.

Zu Gast ist an diesem Tag auch eine Mitarbeiterin des»Freedom-Theaters« in Dschenin. Sie berichtet über ihre Arbeit in einem Flüchtlingslager. Dort herrsche aber eine sehr konservative Stimmung, gegen die sie, genauso wie gegen die Besatzung, anarbeiten. Männer und Frauen, Mädchen und Jungen spielen gleichberechtigt in diesem Theater, vor allem in Stücken mit Beispielen zur gewaltfreien Lösung von Konflikten. Es hat Anschläge gegeben, und der

Theaterleiter wurde vor Kurzem umgebracht. Die Kinder in diesem Lager seien traumatisiert durch die Lage und durch Razzien der israelischen Armee. Sie fordert die Anwesenden auf, dorthin zu kommen, sie brauchten kein Geld zur Unterstützung ihrer Arbeit, aber Menschen, »die sich solidarisch für eine Kultur der Freiheit einbringen«.

Aus der Informationsbroschüre über die Arbeit des Projektes »JugendtheaterBüro« erfahre ich mehr über die Zielsetzungen:

»Das JTB ist ein alternativer Theaterbetrieb, der Jugendlichen in allen Teilbereichen des Betriebes berufsorientierend zur selbständigen Planung, Durchführung und Bespielung eines Jugendtheaterfestivals befähigt. … Das Projekt ist partizipativ ausgerichtet und beteiligt die Jugendlichen gleichberechtigt an Entscheidungsfindungen … Die Arbeit im JTB kombiniert Ansätze der emanzipatorischen, politischen und diskriminierungssensiblen Bildung und des produktiven Lernens mit Methoden der Jugendkulturarbeit. … Der Theaterbetrieb dient dabei als Rahmen für die berufsorientierende Arbeit mit der genannten Zielgruppe.«

Es sollen »grundlegende fachspezifische Fähigkeiten in den Bereichen Schauspiel, Musik, Tanz, Licht, Ton, Bühnen- und Kostümbild sowie Film und Veranstaltungsmanagement« erworben und die Jugendlichen dabei »in ihren sozialen Kompetenzen gestärkt« werden.

Auf der Bühne wird weitergespielt. Eine junge Frau (mit Kopftuch) und drei junge Männer (einer davon mit Kippa) tanzen. Mit freundlichen Gesten nach schmeichelnder Musik, dann – abrupt – mit aggressiver Mimik und Gestik nach hartem Beat. Die Personen berühren sich nicht, wechseln nicht das Kostüm, und sie wirken doch völlig verändert. Ich habe selten eine so eindrucksvolle Darbietung erlebt.

Bei der Zwischenmoderation sagt einer: Wir sind wir. Und nicht die Anderen. Ein Anderer sagt: Wir sind alle wir.

Ähnliche Projekte gibt es auch in anderen Bezirken von Berlin. Theater gespielt wird auch in Schulen, die Teilnahme am »Darstellenden Spiel« wird beurteilt. Manche Jugendclubs, in denen sich Theater-AGs gebildet hatten, wurden wegen fehlender Finanzierung geschlossen.

Fast ein Fünftel der Jugendlichen in Berlin ist ohne Arbeit und Ausbildung. Die Schulen mühen sich um Förderung des Einzelnen. Das kostet Zeit und fordert von der Lehrerschaft mehr Engagement als bei der Wissensvermittlung. Es fehlen Lehrer, um die Klassen für die Einzelnen übersichtlicher zu machen.

Man habe beim Theaterspiel im »JugendtheaterBüro« gelernt, wie sehr es darauf ankomme, teilzunehmen, da zu sein. »Wenn ich in der Schule nichts mache, bekomme ich persönlich eine sechs, und hier liegt das ganze Projekt, unser Stück, flach, wenn einer fehlt – das ist eine ganz andere Verantwortung«, sagte Bahar, 16, bei einer Befragung im Rahmen einer Ferienakademie im Februar 2012 durch Studierende der Alice Salomon Hochschule.

Ein Spiel ist ein Spiel. Aber es hat Regeln. Verantwortliches Miteinander lässt sich am besten im Spiel lernen, ob im Theater, beim Sport oder bei anderen Gemeinschaftsspielen. Im JTB haben Jugendliche und Mitarbeiterinnen ihre Regeln gemeinsam formuliert, die sie in ihrer Zusammenarbeit umsetzen. Alle wissen, dass Erfolge nur im Team, im Ensemble, im Kollektiv zu erreichen sind.

Das Theaterspiel ist eine vorzügliche Voraussetzung, um sich eine erweiterte Sicht – über die eigene Einstellung hinaus – anzueignen. Wie bei den Jugendlichen des JTB, die durch das Spielen unterschiedlicher Rollen andere Perspektiven übernehmen und dadurch Einsicht und soziale Kompetenz erwerben können. Deutet doch schon die Formulierung, dieser oder jener Mensch »spiele eine (oder keine) Rolle«, auf die Bedeutung und Funktion des Rollenbegriffs hin.

Die Jugendlichen haben den älteren Einwanderern ihrer Familien etwas voraus: Sie haben durch die Gesetzgebung die Pflicht – und das Recht – kostenfrei eine Schule zu besuchen und die Landessprache zu lernen, und sie treten mit »den Anderen« in Kontakt. Werden wir alle mit der Zeit lernen, die Vielfalt unserer Gesellschaft unvoreingenommen zu akzeptieren, wie es die Jugendlichen im Theaterprojekt praktizieren? Anne Lemberg, die Leiterin des Projekts, sagt dazu: »Akzeptanz muss von diesen Jugendlichen nicht eingeübt werden.

Akzeptanz von Vielfalt muss die Mehrheitsgesellschaft lernen! Diese Jugendlichen haben sogenannte postmigrantische Hintergründe. Sie sind zumeist in Deutschland geboren. Was macht sie also anders? Die weiße Mehrheitsgesellschaft markiert sie als Andere, das ist das Problem.«

* Die Namen der Jugendlichen wurden geändert.

Zora*, 15

Herkunftsland: Irak

Mahmoud*, 15

Herkunftsland: Syrien

»Wir sind alle Berliner.«

Von Weitem sieht man zunächst ein hölzernes Riesenrad, vielleicht zehn Meter hoch, und gegenüber einen zweistöckigen Holzbau. Man ahnt einen Innenraum, der von einem Zaun aus silbrigen Stäben abgeschirmt ist. Beim Näherkommen fällt der Wohnwagen auf. Neben dem Eingang an der Außenwand des Hauses steht auf einer Tafel:

16 Uhr: Offene Probe – Theatercrew

Donnerstag bis Sonntag: 21 Uhr, Performance ASOZIALIST

Laut Ankündigung im Programmheft soll die Anlage »eine Versammlungsstätte für Menschen ohne festen Wohnsitz« symbolisieren. Dieser Veranstaltungsort gehört zu den 15 Pavillons, die das Theater »Hebbel am Ufer« (HAU) und die »Darstellenden Architekten« des Berliner Büros »raumlabor« der weitläufigen Landschaft des ehemaligen Flugplatzes Tempelhof in diesem Sommer für einen Monat hinzugefügt haben. Jeder Pavillon der »Großen Weltausstellung 2012«, einer ironischen Variante des Themas – abzulesen vom Wortspiel im Titel, von »World Fair« zu »The world ist not fair« –, soll hinführen zu einer Schau unserer Welt. Da fehlt auch ein Pavillon »Fukushima« nicht.

Im manegenartigen Innern der Anlage mit der Bezeichnung »Quartier 52.4697° N 13.396° E«, unter dem seitlichen Riesenrad, spielt ein Mädchen Geige. Sie trägt ein langes Kleid und ein üppig um den Kopf geschlungenes lindgrünes Kopftuch. Sie spielt so heftig auf ihrem an die Elektronik angeschlossenen Instrument, dass man der klagenden Melodie gebannt zuhört.

Zora ist erst 15, sie lernte in einer Grundschule Gitarre spielen, das Spiel auf der Geige habe sie von ihrer kleinen Schwester gelernt. Sie hatte schon mehrere öffentliche Auftritte, seit drei Monaten habe sie auch Unterricht bei einem Klavierlehrer.

Eine andere Schwester ist auch unter den wenigen Gästen, die während der Nachmittagsprobe auf Holzbänken im Rund sitzen, aber die spreche noch nicht so gut Deutsch, sagt mir Zora, sie habe auf einer arabischen Schule in Berlin das Abitur abgelegt, mache nun Deutschkurse und wolle hier studieren. Ich winke ihr zu, sie winkt zurück.

Sie selbst habe auch erst die arabische Privatschule besucht, gehe jetzt aber seit 2008 auf eine »normale« deutsche Schule in Kreuzberg, und dort gefalle es ihr.

Ihre Eltern haben in Bagdad gelebt, bevor sie nach Berlin kamen. Zora möchte gern hier bleiben, sie hat nicht nur Freude am Lernen, sondern ihr gefallen auch das Angebot der Musikschule und die Kontakte mit den anderen Jugendlichen in der Theatergruppe.

Während ich mit Zora auf einer provisorisch erscheinenden und doch stabilen Holzbank sitze und mit ihr spreche, beobachten uns die anderen Kinder und Jugendlichen. Die Atmosphäre an diesem Tag hier in der Manege und auch auf dem über vier Quadratkilometer großen Gelände des ehemaligen Flugplatzes ist dem Wetter angepasst: entspannt. Sonne, starker Wind, dem sich auf diesem Feld nichts entgegenstellt, die weißen Wolken scheinen tiefer zu segeln als es in der Stadt zu beobachten ist und es sind viel mehr. Es wirkt hier so, als sähe man nach allen Seiten bis zum Horizont, an der Südseite fährt dann und wann eine Stadtbahn vorbei.

Auch Mahmoud hat uns beobachtet, er kommt heran, sagt seinen Namen und fragt, ob auch er mir etwas erzählen könne. Er sei über das Feld gegangen und habe über sein Leben nachgedacht. Er ist 15. Wir setzen uns hinter den Wohnwagen, weil die Musik, nun Recorder und zwei jugendliche Sänger, sehr laut ist. Mahmoud hat uns eine Bank von innen geholt. Unvermittelt beginnt er zu erzählen. Er habe eine schwere Kindheit gehabt, wird zum Auftaktbekenntnis. Seine Familie sei aus Damaskus nach Deutschland gekommen. Mahmoud ist in Deutschland geboren. Er möchte Arzt oder Schauspieler werden. Er habe zwar in allen Fächern in der Schule gute Zensuren, aber es sollen noch »ein paar Einsen« hinzukommen. Auch er geht regelmäßig in die Theatergruppe.

Zora und Mahmoud vermittelten mir in unserem Gespräch, »angekommen« zu sein. Sie haben sich nicht nur mit den Verhältnissen arrangiert, sondern sind selbst aktiv und nutzen Angebote, die erfreulicherweise – trotz Finanzknappheit in Ländern und Kommunen – noch immer zur Verfügung gestellt werden können. Doch alle Projekte dieser Art brächten keinen Erfolg, gäbe es nicht Personen, die mit großer Selbstverständlichkeit und sichtbarem Engagement die Jugendlichen betreuen, wie zum Beispiel Talu Emre Tüntas als Leiterin der Berliner Jugendinitiative »Taschengeldfirma« in Neukölln-Nord. Hierbei handelt es sich um ein von der EU und der Bundesrepublik gefördertes Projekt, in dem Kinder und junge Menschen in vielfältigen Aktionen lernen können, miteinander auszukommen, und es werden auch Initiativen von Jugendlichen gefördert, die eine Gründungsidee umsetzen möchten.

Die Regisseurin Branka Prlic und der Regisseur, Schauspieler und Musiker Tamer Yigit, gemeinsame Betreiber der Produktionsfirma Fidan Film und verantwortlich für den Pavillon, arbeiten mit den Jugendlichen der »Taschengeldfirma« zusammen. Neben einer »mobilen Fahrradwerkstatt« am Rande des Pavillons arrangieren sie auch Fußballspiele in der kleinen Arena. Die mitwirkenden Jugendlichen hat Branka Prlic, selbst jugendlich, entschlossen und sehr kooperativ wirkend, auf Workshops und »durch kontinuierliche Arbeit« kennengelernt.

»Die Teilnahme der Jugendlichen ist freiwillig, je nach Lust am Spiel, an Film und Text, es wird niemand gezwungen. Das Interesse ist allgemein groß. So ist in all den Jahren ein offenes Ensemble entstanden«, sagt Branka Prlic, deren Eltern aus Jugoslawien nach Deutschland gekommen sind. Sie selbst ist in Berlin geboren. Auf die Frage nach der Herkunft ihrer Mitspieler sagt sie: »Spielt keine Rolle, wir sind alle Berliner.«

* Namen wurden geändert.

ANHANG

Nachwort

Die Gespräche mit 25 Frauen, Männern und Jugendlichen im Alter von 15 bis 75 Jahren aus zwölf Herkunftsländern gewähren Einblick in Lebenssituationen und Lebensgeschichten, die sehr unterschiedlich sind. Doch allen Interviewten ist gemeinsam, dass sie oder ihre Familien ein Zuhause verlassen haben, um in einem für sie zunächst fremden Land zu leben, sich mit der Kultur des neuen Landes und damit nicht nur mit Gesetzen und Normen, sondern auch mit üblichen Verhaltensweisen zu arrangieren. Das Neue aufzunehmen, ohne die eigene Herkunft zu vergessen oder verleugnen zu müssen, das ist die eigentliche Leistung der Eingewanderten. Und die Einheimischen, einschließlich aller bisher Zugewanderten, sollten offen und ohne Vorurteile auf neue Nachbarn reagieren. Mit der Forderung nach Integration ist dieser Prozess oft vereinfacht und missverständlich beschrieben.

In einer kurzen Zusammenfassung der im Hauptteil dieses Buches veröffentlichten Interviews möchte ich wesentliche Aussagen aufgreifen, um zu zeigen, auf welche Weise sich diese Menschen ihre neue Heimat angeeignet haben, ohne ihre Persönlichkeit aufzugeben. In den Interviews wird die Einstellung, Rechte wie Pflichten verantwortlich anzunehmen, auf unterschiedliche Weise ausgedrückt. Die Beiträge sind exemplarisch für einen großen Teil der zugewanderten Berliner; sie sind nicht repräsentativ im strengen Sinn einer wissenschaftlich angelegten Zufallsauswahl, aber durchaus beispielhaft. Und implizit ist allen die Aussage: »Wir sind angekommen.«

Ismail und Sevim Gökmen hatten bereits in ihrer Heimat Türkei eine Ausbildung und einen Beruf, den sie engagiert, aber zum Teil gerade deshalb für sie wenig zufriedenstellend ausüben konnten. Als sie sich nach langen Überlegungen entschlossen, die Türkei zu verlassen und nach Deutschland zu gehen, gehörten sie zu denen, die hier als »Gastarbeiter« gesucht waren. Sevim, ausgebildete Lehrerin, schildert ihre erste Zeit in einer Fabrik in nicht einmal nur negativen Farben. Sie und Ismail, nach einiger Zeit gemeinsam mit ihren beiden Kindern in Berlin lebend, setzten alles daran, um auch in Deutschland beruflich angemessen arbeiten zu können. Es gelang ihnen. Spracherwerb und Weiterbildung waren ihnen selbstverständliche Voraussetzungen und Ismail empfiehlt allen, sich in Vereinen und Parteien zu engagieren. Beide fühlen sich heute in Deutschland wie in der Türkei »zu Hause«.

Shuaib Rasuli fühlt sich als Berliner, obwohl er bisher keinen deutschen Pass besitzt. Als er zehn Jahre alt war, verließen die Eltern mit ihm Afghanistan. Die Angst, die seine Eltern vor dem Anwerben ihrer Söhne durch die Taliban hatten, teilte er zu dieser Zeit weniger. Aber auch er spricht heute noch vom »ruhigen Schlaf«, den sie in Deutschland suchten und gefunden haben.

Für ihn ist gegenseitiger Respekt Voraussetzung für das Zusammenleben der Menschen. »Man soll den Jugendlichen mehr helfen, allen, einen geraden Weg zu finden.«

Bijan K. fühlt sich oft als Ausländer diskriminiert, weil er mit denen, die sich »nicht benehmen«, in »einen Topf geworfen« wird. Er hat einen deutschen Pass, aber auch noch den iranischen, den man nach iranischem Gesetz nicht abgeben könne. So reise er denn, wenn er in den Iran fahre, mit dem deutschen Pass aus und im Iran mit dem anderen ein. Doch hier oder dort sei er für manche Menschen ein »Fremder«. Und er sagt, trotz aller Kritik an Berliner Verhältnissen: »Ich liebe Deutschland, ich will hier niemals weg.« Dennoch rät er: »Deutschland muss mal anfangen, deutlich zu werden, soll denen, die sich schlecht benehmen, sagen: ›So geht es nicht‹«.

Nadire Asili, deren Familie aus der Türkei stammt, machte mich auch mit ihren Schwestern bekannt, die sich alle schon selbst als sehr deutsch empfinden und die sagen, dass man, sähe man sie nicht und hörte man sie nur, keine ehemaligen Ausländerinnen hinter der Stimme vermuten würde. Auch ohne diesen Hinweis fällt ihre Einstellung auf, die weit über nationale Klischees hinausgeht. Sie rechnen »Ordnung« nicht einer deutschen Mentalität zu, sondern sagen »Ordnung ist Ordnung«, aber auch »Mord ist Mord«, gleichgültig mit welcher scheinbar traditionellen oder weltanschaulichen Begründung. Das müsse gelernt werden. »Es kommt immer darauf an, wie man erzogen wird. Zu Hause.«

Tatjana Koroll empfindet ihre Heimatregion, die Bukowina – die in den Kriegs- und Nachkriegswirren von Rumänen und Deutschen besetzt, dann Teil der Sowjetunion wurde und heute ukrainisch ist –, als »ein wunderschönes Land«, in dem sie aber nicht mehr leben möchte. Sie dankt es ihren Eltern noch heute, dass sie ihr Sprachen und Kultur vermittelt haben, wovon sie auf ihrer Flucht durch Europa profitierte. Ihre Eltern wurden wegen ihrer jüdischen Religion beruflich diskriminiert, sie selbst aber hatte während ihrer Schulzeit kein Problem damit, weil »Religion überhaupt kein Thema war«. Ihre Odyssee nach Berlin schildert sie lebhaft und mit der Freude, hier angekommen zu sein. Sie wünscht sich, »dass sich Deutschland zu einer offenen Gesellschaft entwickelt, wo Menschen unterschiedlicher Herkunft sich wohlfühlen und geachtet werden.«

Anat Bleiberg ist keine Vertriebene, sondern sie verließ Israel, um in Europa zu studieren und eine neue Heimat zu suchen. Die Geschichte ihres Vaters, der ihre Mutter nach seiner Flucht in einem Kibbuz kennenlernte, war für ihn jedoch so belastend, dass er erst kurz vor seinem Tod mit Anat darüber gesprochen hat. Trotzdem ist sie ihren Eltern dankbar, die sie »nicht zum Hass erzogen« haben. Heute arbeitet sie für die Jüdische Gemeinde in Berlin, und es schmerze sie, wie manchmal in den Medien über Israel berichtet wird. Über unser gemeinsames Land sagt sie: »Deutschland hört zu viel auf Experten-Meinungen, die haben kein politisches Gespür.«

Ülker Akoglu ist in der Türkei geboren und zur Schule gegangen. Ihre Eltern gingen zuerst allein nach Deutschland, später dann holten sie die Kinder nach. Sie kann sich heute vorstellen, hier oder dort zu leben, aber nur in den Großstädten oder in dem Dorf, in dem ihre Familie lebte. Sie ist auch ein Beispiel dafür, wie man durch Spracherwerb und Weiterbildung einen Zugang in eine Gesellschaft findet. Dennoch hatte sie lange Zeit das Gefühl, immer »mehr leisten zu müssen als Deutsche«.

Sie kritisiert den Stil der Behörden: »Wenn du im System funktionierst, dann bist du gern gesehen. Aber wenn man auf staatliche Hilfen angewiesen ist, wird man schlechter behandelt.«

Michael Cullen, Sohn jüdischer Eltern aus New York, hat eine vielfältige Wanderungsgeschichte. Und obwohl er nicht formal aus seinem Land vertrieben wurde, hatte er doch Gründe, sich in Deutschland anzusiedeln. Seine Erfahrungen beim Militär in den USA schildert er nicht als Anlass für seine Auswanderung, obwohl ihnen faktisch seine Übersiedlung nach Berlin folgte. Er hat das neue Land mit eigener Aktivität und Phantasie auch zu seinem gemacht, war vielen behilflich und hat sich durch seine berufliche Arbeit und seine internationalen Kontakte Anerkennung verschafft. Er fühlt sich in seinem Stadtteil, in dem er schon lange lebt, zu Hause und sagt: »Ich verteidige Europa als Idee jeden Tag.«

Silvera Padori hat sich nach den Kriegswirren und deren Folgen im ehemaligen Jugoslawien für eine Auswanderung nach Deutschland entschieden. Berlin war »Liebe auf den ersten Blick«. Auch sie ist ein Beispiel dafür, wie ein Mensch nicht einfach das Land und seinen Wohnort wechselt, das Neue annimmt und das Andere vergisst, sondern im Grunde seinem Leben eine andere Erfahrung hinzufügt, die ihn in gewisser Weise »internationaler«, aufgeschlossener agieren lässt. So wünscht sie sich, dass die Deutschen offener und selbstbewusster mit der Vielfalt ihres Landes umgehen. »Die Deutschen haben Angst vor Unordnung, dabei ist Ordnung nicht alles, ein bisschen Chaos fördert das Vorangehen.«

David Conlin ist inzwischen Deutscher aus Überzeugung, dabei immer noch britischer Staatsbürger. Er würde sich freuen, wenn er beide Staatsbürgerschaften haben könnte. Seine Familie ist eine mit »Migrationshintergrund«, irisch und britisch. Berlin hat er während seiner Militärzeit kennengelernt, die ihn als Kommandeur der »Royal Irish Rangers« auch nach Malawi, Kanada, England und Belize führte. Nach dem Ausscheiden aus dem Militärdienst blieb er in Berlin.

Aber auch er ist trotz seiner Vorliebe für Berlin inter-national geblieben; er engagiert sich in leitender Funktion für den Vogelschutz, bereist dafür vor allem Mittelmeerländer, schreibt und übersetzt Beiträge für Fachzeitschriften. Über die deutsche Politik sagt er: »Wir haben inzwischen zu viele, zu junge Berufspolitiker, die im Grunde das Leben nur aus der Theorie kennen ohne Erfahrung im Leben und im Beruf.«

Olivera A. kam aus Serbien (damals noch Jugoslawien) nach Berlin, aus privaten Gründen, doch auch aus Furcht vor weiteren kriegerischen Auseinandersetzungen in ihrer Heimat. Sie fand hier Arbeit, und sie sagt, »hier funktioniert alles«, was man von ihrem Heimatland nicht behaupten könne. Als die Firma, in der sie lange gearbeitet hatte, in Konkurs ging, wurde sie arbeitslos. Sie richtet sich mit der

Unterstützung ein, möchte zwar lieber arbeiten, aber aufgrund der Lage und ihres Alters wird sie bald Frührente beantragen. Sie habe hier ihre Arbeitskraft gegeben, deshalb scheue sie sich nicht, diesen Antrag zu stellen.

Den Wunsch, ihre Tochter zu besuchen, die nach Kanada ausgewandert ist, kann sie sich wegen mangelhafter Einkommensnachweise im Moment nicht erfüllen. Sie hält den Spracherwerb in einem neuen Land für das Wichtigste. »Ohne Sprache ist es wie ohne Augen«, sagt sie.

Die Eltern von *Akram Khalil* sind als Palästinenser nach der Gründung des Staates Israel von dort in den Libanon geflüchtet, wo Akram als sechstes von insgesamt elf Kindern der Familie geboren wurde. Die palästinensischen Flüchtlinge bekamen einen libanesischen Pass mit einem Flüchtlingsvermerk. Schon früh mussten die Kinder der Familie arbeiten. Akram verließ mit Freunden und jugendlichen Verwandten den Libanon. Sie kamen nach Berlin und taten alles, um von keiner Unterstützung abhängig zu sein. Auf vielen Arbeitsstellen im Laufe seiner Beschäftigung als Fliesenleger erweiterte er seine handwerklich-beruflichen Fähigkeiten, bis er eines Tages seine eigene Firma gründen konnte. Mit seiner deutschen Frau bedauert er den oftmals schlechten Ruf und die dem zugrunde liegenden Verhaltensweisen von eingewanderten Libanesen, freut sich aber über seinen Status als »einziger libanesischer Fliesenleger« in Berlin.

Er hat Hoffnung für die Zukunft, denn »Amerika hat auch lange gebraucht, bis sich alle Amerikaner als Amerikaner fühlten«.

Elvira Yevtushenko lebte in der Ukraine. Nach der Katastrophe von Tschernobyl verließ ihr älterer Sohn das Land und ging nach Israel. Die Familie ist jüdischen Glaubens, »nicht orthodox«. Als in Kiew »der Putsch« begann, wollte der jüngere Sohn auch von dort weg. Sie entschloss sich, mit ihm nach Deutschland zu gehen. Elvira ist Diplom-Physikerin. In Deutschland konnte sie in ihrem Beruf nicht arbeiten. Aber anderes war ihr wichtig: Sie hatte sich mit vielem mehr als mit Physik beschäftigt und wollte anderen Menschen, die auch eingewandert waren, helfen, hier »anzukommen«. Sie begründete Projekte, für die sie auch Mittel bekam, fand Räumlichkeiten und Zugang zu Institutionen, und zu einer solchen ist sie selbst mit ihrem Verein inzwischen geworden. Sie ist unermüdlich im Vermitteln von Kontakten und sagt, obwohl sie sich formal auch »zur Ruhe« setzen könnte: »Es ist noch so viel zu tun.«

Kostas Papanastasiou setzt auf die Jugend. Gegenwärtig sei die europäische Idee, an die er fest glaubt, »den Finanzmärkten unterlegen«. Dabei habe er, der in Griechenland geboren ist und als Berliner den »Griechen in sich« trage, nach allen Erfahrungen hoffnungsvoll auf Europa geschaut. Er hatte einst Griechenland verlassen, weil er in Deutschland studieren wollte. Die Militärdiktatur machte seinen Plan, nach dem Studium nach Griechenland zurückzukehren, unmöglich. Er warb mit Liedern, öffentlichen Kundgebungen und den Gründungen von Vereinen für eingewanderte Griechen für ein demokratisches Heimatland; er wurde in Abwesenheit zu zweieinhalb Jahren Gefängnis verurteilt. Als Künstler, Architekt und Gastwirt nutzte er alle Kontakte, um anderen Menschen zu helfen. Europa ist für ihn etwas, das ihn »mit Freude bewegt«.

Als Beispiele einer neuen Generation sind Jugendliche zu Wort gekommen, die sich noch im aktiven Lernprozess befinden. Sie sind wirtschaftlich noch abhängig, haben jedoch alle Erfahrungen mit der Aus- und Einwanderung gemacht, entweder selbst oder durch die Geschichte ihrer Eltern.

Nesrin Ramadan ist in Berlin geboren, ihre Eltern kamen aus dem Libanon. Sie bezeichnet sich »als Deutsche mit arabischen Wurzeln«. Ihre Eltern würden der Kinder wegen nicht wieder zurückgehen, sie fahren aber in den Ferien zu der noch dort lebenden Großmutter. Respekt und Toleranz sind für sie die Voraussetzungen für ein friedliches Zusammenleben. Sie wünscht sich, dass Menschen »nach ihrer Person beurteilt werden und nicht nach ihrer Religion«.

Natasza Arndt ist im Alter von fünf Jahren mit ihren Eltern von Polen nach Deutschland gekommen, so begann auch hier ihre Schulzeit. Aus dieser hat sie den Eindruck mitgenommen, dass deutsche Lehrer Angst vor den Schülern haben. Sie selbst hat früh in der Familie Verantwortung trainiert, aber das müsse man auch erst lernen, und da mache die Schule vieles falsch.

Olga S., die aus Polen stammt, ist erst seit ihrem 15. Lebensjahr in Berlin. Während ihrer Schulzeit musste sie intensiv Deutsch lernen, 2011 hat sie das Abitur bestanden. Sie studiert inzwischen Jura. Sie hält Europa für »eine gute Sache«, doch für eine wirkliche Gemeinsamkeit werde es noch »Jahrzehnte« brauchen. Es fehle die gemeinsame Sprache.

Der Vater von *Lucas Zarna* stammt aus der Türkei, die Mutter aus Polen. Sie lernten sich in Deutschland kennen, Lucas ist in Berlin geboren. So lernte er »die Welt in drei Sprachen« kennen. Berlin habe inzwischen auch schon »mehrere Kulturen verinnerlicht«, aber er setzt auf die Zukunft, in der nicht mehr »so in Klischees« gedacht wird, 70 Jahre nach einem Krieg, das sei geschichtlich noch keine so lange Zeit.

Auch *Jola S.,* die mit ihren Eltern aus Polen gekommen ist, fühlt sich wohl in Berlin und hofft, in Deutschland bleiben zu können und hier ihr Studium zu beenden.

Bei einer Veranstaltung zum Thema »Kulturelle Bildung« der Technischen Universität Berlin sah ich eine von Jugendlichen gestaltete filmische Präsentation, die das »JugendtheaterBüro« betreut hatte. Ich habe mich mit der Projektleiterin verabredet, um mit den Jugendlichen in Kontakt zu kommen. Bei meinen Besuchen probten die Gruppen gerade intensiv für ein Festival, so dass kaum Zeit für Einzelgespräche war.

Dennoch habe ich mit Jugendlichen gesprochen und Vorauf führungen im Theatersaal besucht. Ich erhielt auf diese Weise einen intensiven Eindruck von ihrer Arbeit und der praktischen Aufgabenstellung des Projekts. Der zu beobachtende Umgang der Jugendlichen untereinander und mit den Projektmitarbeitern wirkte sachlich, respektvoll *und* herzlich.

Auch die Porträts der Jugendlichen können exemplarisch zeigen, auf welche Weise und mit welcher Einstellung das Leben in einem Land, in dem sie vielfach noch als Fremde angesehen werden, gelingen kann. Mir wurde auch klar, wie sehr – neben der Sprache – der Wohnort und auch in der Freizeit erreichbare, zugängliche Orte Gemeinsamkeit stiften können.

»Wir sind Berliner – alle«, antwortete die Regisseurin Branka Prlic erstaunt auf meine Frage, woher denn die Jugendlichen des Ensembles kommen, die in einem Pavillon auf dem Tempelhofer Feld mit Musik, Tanz und Worten Themen präsentieren. Ich habe nach den Gesprächen mit den Ensemble-Mitgliedern *Zora* und *Mahmoud* überlegt, wie sinnvoll eine Unterscheidung zwischen »uns« und »den Anderen« noch ist, vor allem, sobald es sich um Jugendliche handelt, die miteinander aufwachsen und leben.

Durch die gemeinsamen Schulerfahrungen, das Lernen überhaupt, wurden sie auf andere Weise sozialisiert als in der Regel die Eltern oder die Großeltern, die schon als Erwachsene in ein anderes Land gekommen sind. Zora und Mahmoud haben mir vermittelt, wie sehr sie die Gemeinsamkeit in ihrer Theatergruppe genießen und sich trotzdem sehr mit ihrer Familie verbunden fühlen.

Pflege und Erziehung der Kinder sind Elternrechte, aber auch Pflichten, über deren »Betätigung« die staatliche Gemeinschaft »wacht« (Artikel 6 des Grundgesetzes der Bundesrepublik Deutschland). Jedes Kind, das hier lebt, muss zur Schule gehen, das ist ein besonderer und nicht zu unterschätzender Aspekt einer humanen Gesellschaft.

Schulpflicht ist Kinderrecht. Wenn der Schulbesuch in das Belieben der Kinder – oder der Eltern – gestellt würde, könnte in manchen Fällen zum Nachteil der Kinder gehandelt werden und so wird eine Eingreifpflicht des Staates legitim wie legal.

Abgesehen von dieser formalen Gegebenheit ist die Rolle der Schule für die Zukunft einer Gesellschaft nicht zu unterschätzen. Nur hier treffen junge Menschen aufeinander, deren Wege im späteren Berufsleben weit auseinander gehen können. Doch was in der Schule über das Fachwissen hinaus vermittelt wird, das sollten die Werte sein, die das Allgemeine menschlichen Lebens erkennen lassen: Respekt und Verantwortung beispielsweise, wie sie Nesrin Ramadan und Shuaib Rasuli fordern und schon selbst verinnerlicht haben. Alte oder neue rassistische Theorien und gegenwärtige nationalistische Strömungen, so klein sie auch scheinen mögen, dürften keinen Raum mehr finden.

Der antiliberale Staatsrechtler Carl Schmitt beschrieb Anfang des 20. Jahrhunderts einen funktionierenden Staat nur in strenger Abgrenzung von »Anderen« und sah einen Feind als stabilisierenden Faktor einer Gemeinschaft, was empirisch sogar einige Plausibilität beanspruchen kann. Damals aber hat seine Theorie auch zur Rechtfertigung nationalistischer Bestrebungen beigetragen.

Fast alle Befragten haben inzwischen die Möglichkeit, in ihr ehemaliges Heimatland zu reisen. Manche von ihnen mussten erfahren, dass sie nun dort, wie zum Teil auch hier noch, »Fremde« sind. Sie haben sich aber für das Leben in Deutschland entschieden, und sie haben diese Entscheidung in den Interviews begründet. Die Menschen, die ich interviewt habe, haben die neue Sprache gelernt, sich um die eigene Qualifikation bemüht, Kontakte zu neuen Nachbarn geknüpft. Sie sehen die Rechte, die ihnen hier gewährt werden, im Zusammenhang mit ihrer eigenen Pflicht, sich aktiv um die eigene Existenz zu bemühen und die Belange der Gesellschaft dabei nicht zu vergessen.

Die Beispiele gelungener Einwanderung sollen anregend sein, aber sie sollen nicht darüber hinwegtäuschen, dass es auch andere Lebenslagen als die geschilderten gibt. Es gibt die »parallelen Welten«, vor allem in großen Städten, also auch in Berlin, die sich nicht ausschließlich mit der nationalen Herkunft, der Muttersprache oder gar der »Rasse« erklären lassen. Wer im Villenvorort lebt, wird sich fremd fühlen im »Mietskasernenviertel« – und umgekehrt. Wer keine Arbeit hat und sich nutzlos fühlt, der wird krank. Wer nicht arbeitet und sich nicht um Weiterbildung bemüht, der wird als Schmarotzer bezeichnet. Wer die Sprache des Landes nicht spricht, das er oder sie zum Wohnort gewählt hat, wird sich fremd fühlen in diesem Land. Das alles mag jemand hinnehmen, der sein Leben hier auf den familiären Kreis beschränkt und sich von seinen Familienmitgliedern nach außen vertreten lässt. Diese Art von »Parallelgesellschaft«, die zuweilen bis zu eigener Gerichtsbarkeit reicht, wie sie Joachim Wagner in seinem kürzlich erschienenen Buch »Richter ohne Gesetz« beschreibt, lässt kaum Gemeinsamkeit zu und macht andere Menschen, ob mit oder ohne »Migrationshintergrund«, misstrauisch.

Von manchen wird das freundliche Verhalten unseres Landes kritisiert. Schließlich seien es Steuergelder, von denen andere profitieren, die nichts zum Steueraufkommen beitragen. Zu diesen »Anderen« gehören aber nicht nur Zugewanderte, sondern auch viele von Geburt Deutsche, was oft bei nationalistischen Parolen unbeachtet bleibt.

Aber was ist die Alternative? Für einen demokratischen Staat gibt es keine. Gewiss kann man stärker auf die Qualifikation (auch eingewanderter) Erwachsener hinwirken, damit ihnen in Zukunft wieder mehr Arbeitsplätze angeboten werden können. Die Landessprache zu lernen, das ist nicht nur eine höfliche Pflicht, sondern liegt ganz im Interesse der Zugewanderten. Eine demokratische Gesellschaft braucht Menschen, die sich einmischen, die verstehen und sich verständlich machen können.

Die Philosophin Hannah Arendt, selbst Exilantin, nannte die notwendige Herausbildung einer neuen oder erweiterten Identität eine »Geburt des Willens« (»Natalität«), indem Menschen die Chance wahrnehmen, einen »neuen Anfang zu machen«. Einen solchen Neuanfang mussten sich die wenigsten der hier lange Ansässigen zumuten.

Es ist nun schon über 70 Jahre her, dass auch viele der Deutschen, wie Hannah Arendt, sich auf die Flucht begaben oder begeben mussten und als Fremde in ein neues Land kamen. Ihr Heimatland, damals das »Deutsche Reich«, hatte alle »Artfremden«, Nichtarische, ausgegrenzt, vertrieben, umgebracht. Im Verhältnis zur Zahl der Opfer gelang es nur Wenigen, rechtzeitig zu flüchten. Auch diese Migrationsbewegung verlief nicht ohne Schwierigkeiten, obgleich die aufnehmenden Staaten sich im Wesentlichen mit den Geflüchteten solidarisch zeigten.

Mit dem Ende des Krieges hatte sich für die Deutschen gezeigt, dass mit Methoden der »Rassenreinheit«, der Ausgrenzung und Vertreibung »kein Staat« zu machen war.

Das neue Deutschland, gemeint ist hier die Bundesrepublik, musste sich eine neue Verfassung geben. Unser gültiges Grundgesetz ist nur wenige Jahre nach dem Scheitern einer ideologisch geprägten deutschen Politik entwickelt und einhellig in Kraft gesetzt worden. Es garantiert nun jedem Rede-, Versammlungs- und Religionsfreiheit, schützt demokratische Parteien und definiert jeden Menschen als gleich und frei.

Trotz der neuen Verfassung waren die Deutschen lange verunsichert, auch beschämt ob der Erkenntnisse, die sie über die Vergangenheit akzeptieren mussten. Die Welt half den Deutschen, sich wiederzufinden. Und Deutschland nahm die deutschen Flüchtlinge aus ehemals besetzten oder nach dem Krieg »verlorenen« Gebieten außerhalb der neuen Grenzen mehr oder weniger wohlwollend auf.

Als das – scheinbar unpolitische – »Wirtschaftswunder« Deutschland zu neuer Blüte verhalf, wurden wieder Ausländer als Arbeitskräfte angeworben. Die deutsche Gesellschaft sah in ihnen lange Zeit nicht mehr als ausländische Arbeitnehmer, die zum Wohlstand des Landes – und ihrem eigenen – beitrugen.

Erst mehr als 50 Jahre nach dem Krieg begann sich die Erkenntnis durchzusetzen, dass den nach Deutschland Gekommenen und hier nun schon lange Lebenden ein gleiches Recht auf Bildung, Teilnahme und Mitbestimmung zusteht, aber auch, dass der Wunsch nach einer Ausgewogenheit im Geben und Nehmen kein unsittliches Verlangen ist, dass die Anforderung, die hier übliche Sprache zu lernen, kein Unterdrückungsmerkmal ist, sondern berechtigte Forderung auch im Sinne der Eingewanderten. Auch in den Interviews wird immer wieder auf die Notwendigkeit des Erlernens der Landessprache hingewiesen. Olivera A. sagte: »Ohne Sprache ist es wie ohne Augen.« Kanada und Australien beispielsweise, zweifellos Länder mit demokratischer Verfassung, verlangen Einwanderern schon lange bestimmte Voraussetzungen ab.

Nur durch Lernen und Kommunikation ist zu erkennen, wie ähnlich sich Menschen in der (unserer) Welt sind, wie Zivilisation mit anerkannten Regeln (Menschenrechte) uns einen kann, wie zufällig Ort und Zeit der Geburt und die »angeborenen« kulturellen Umstände sind – aber auch, wie inspirierend Unterschiede sein können, wenn sie nicht zu unreflektierter Gegnerschaft genutzt werden. Die »Interkultur«, wie sie Mark Terkissides in seinem 2010 erschienenen gleichnamigen Buch beschreibt, kann eine Bereicherung der Sicht- und Verhaltensweise aller Menschen sein.

Deutschland war inzwischen nicht mehr bemüht, die Welt mit seiner Ideologie und seiner Armee zu beherrschen, sondern hatte sich durch den Export wirtschaftlicher Güter Gewicht in der Welt verschafft. Und die Freiheit der Westdeutschen bestand nicht mehr nur darin, alles *sagen* zu können, sondern auch alles *kaufen* zu können. Diesem »Traum« folgten viele der in der kargeren sozialistischen Güterwelt lebenden Deutschen, wenn auch andere in ihrer Aufbruchstimmung nichtmaterielle Güter anstrebten wie Presse-, Versammlungs- und Reisefreiheit. Selbst einstmals so fest ideologisch den Sozialismus vertretende Führer des anderen deutschen Staates erlagen 1989 der Anziehungskraft der »freien Marktwirtschaft«. Philosophisch und auch marxistisch geschulten West-Intellektuellen gab das zu denken, und manche äußerten sich auch entsprechend. Sie hatten ja Rede- und Gedankenfreiheit. Doch deren Münze wiegt leichter als das reale oder virtuelle Geld.

Schon Anfang der 1980er Jahre sah der Soziologe und Philosoph Jürgen Habermas in der zunehmenden »Monetarisierung und Bürokratisierung« eine »provokative Bedrohung« der Lebenswelt. Keine Religion, Weltanschauung oder Ideologie wird die Welt in absehbarer Zeit verändern, solange sich die internationale Finanzwirtschaft den letzten Trumpf vorbehält.

Auch wenn das Schlagwort von einer »internationalen Solidarität« zu sehr einem Sozialismus alter Prägung anzugehören scheint, so deutet es doch in Zeiten der Globalisierung (der Finanz- und Handelsmärkte) auf eine notwendige Internationalisierung der Denk- und Handlungsweisen der Menschen hin. »Wir« sind alle betroffen, mehr oder weniger, von Auswirkungen der vielfach globalen Vernetzungen, doch sind wir zu einer »narzisstischen Gesellschaft« geworden, wie Hans-Joachim Maaz in seinem Buch bereits im Titel sagt. Wir könnten nur gemeinsam einer weitgehend monetär bestimmten Welt neue humane Impulse geben.

»Wir« von heute sind die Nachkommen der »Anderen« von gestern. Und morgen werden sich die Kinder und Enkel der in den letzten Jahrzehnten hier Zugewanderten wie der schon zuvor Einheimischen verbunden haben und ihre Lebensbedingungen gemeinsam bestimmen.

Akzeptanz bedeutet, den anderen Menschen ernstzunehmen, ungeachtet seiner biologisch zu definierenden Rasse, seiner Herkunft und seiner Religion, aber auch von ihm zu fordern, was wir für und von uns selbst erwarten.

»Die Vielfalt auszuhalten, da fängt die Akzeptanz eigentlich an. Das muss auch noch in Deutschland gelernt werden. Vielfalt ist auch noch in der Türkei ein Lernprozess«, sagt Ülker Akoglu im Interview. Das erstrebenswerte Ziel ist eine Gesellschaft sozialer Gerechtigkeit und Chancengleichheit für alle Menschen in ihrer Unterschiedlichkeit. Vision? Traum? Ohne Hoffnung ist kein Handeln möglich, lehrte uns der Philosoph Ernst Bloch, und die lebenserhaltende Evidenz dieses Satzes erfahren wir täglich.

Wolf Biermann, erfahrener Migrant, ausgebürgert und eingebürgert, erinnert in einem Beitrag für das jüdische Magazin »aufbau« (5/2012) daran, dass es bei der Vervollkommnung von Demokratie nicht um eine »Endlösung« gehe, welche Art von Theorie uns das auch verspreche, sondern dass die Welt unvollkommen bleiben müsse – und werde –, damit auch künftige Generationen zu ihrer Verbesserung das Ihre beitragen können.

Einige Publikationen zum Thema

Ahrendt, Hannah: Vita activa oder Vom tätigen Leben. München 1972

Berufsorientierung durch Jugendkulturarbeit. Hrsg. von der Initiative Grenzen-Los! und JugendtheaterBüro Berlin

Bielfeldt, Heiner: Streit um die Religionsfreiheit. Friedrich-Alexander-Universität Erlangen-Nürnberg 2012

Daimagüler, Mehmet Gürcan: Kein schönes Land in dieser Zeit. Gütersloh 2011

Finkelstein, Kerstin E.: Eingewandert. Deutschlands Parallelgesellschaften. Berlin 2006

Fischer, Gerhard: Die Hugenotten in Berlin. Berlin 2010

Habermas, Jürgen: Theorie des kommunikativen Handelns. Frankfurt a. M. 1982

Hessel, Stephane: Empört Euch! Berlin 2011

Kerami, Navid: Wer ist wir? Berlin 2009

Maaz, Hans-Joachim: Die narzisstische Gesellschaft. Ein Psychogramm. München 2012

Popper, Karl R.: Die offene Gesellschaft und ihre Feinde. München 1977

Sarrazin, Thilo: Deutschland schafft sich ab. München 2010

Sennett, Richard: Civitas. Die Großstadt und die Kultur des Unterschieds. Frankfurt a. M. 1990

Stadt ist Migration. Hrsg. vom Senat von Berlin (mit allen Netzwerkadressen). Berlin 2011

Terkissidis, Mark: Interkultur. Berlin 2010

Veröffentlichungen des Beauftragten des Senats von Berlin für Integration und Migration

Von Zuwanderern zu Einheimischen. Hugenotten, Juden, Böhmen, Polen in Berlin. Hrsg. von Stefi Jersch-Wenzel und Barbara John. Berlin 1990

Wagner, Joachim: Richter ohne Gesetz. Berlin 2012

Wowereit, Klaus: Mut zur Integration. Berlin 2011

Dank

Ich danke allen, die mir ein Gespräch über ihren persönlichen Lebensweg und ihre gegenwärtige Situation gewährt haben.

Und ich bedanke mich auch bei denjenigen, die mir diese Kontakte vermittelt haben, und deren Einsicht in die Sinnhaftigkeit einer solchen Befragung mir eine große Unterstützung für die Arbeit war.

Peter Foerster-Baldenius, Partner und erster Lektor meiner vielfältigen Entwürfe, sei Dank für die Geduld, mit der er mich auch in diesem Jahr begleitet und unterstützt hat.

Abbildungsnachweis

Die Rechte an den Porträtfotos liegen bei den Interviewten.
Kai Krüger (fotocent): 106
Marianne Suhr: 33, 111, 114, 119, 141
Túrelio (Wikimedia-Commons): 79

Über die Autorin

Marianne Suhr, geboren 1939 im Havelland, flüchtete mit 18 Jahren in den Westen Deutschlands. Sie studierte Soziologie und Philosophie, promovierte an der Technischen Universität Berlin und arbeitete dort als wissenschaftliche Mitarbeiterin, engagierte sich gleichzeitig in der Kommunalpolitik. Von 2001 bis 2011 war sie Vorsteherin der Bezirksverordnetenversammlung Charlottenburg-Wilmersdorf. Seit 2004 veröffentlichte sie fünf literarische Bücher. Sie hat drei erwachsene Kinder und lebt in Berlin.

www.marianne-suhr.de